GWENT

BROYDD CYMRU 3

Gwent

Gareth Pierce

Argraffiad cyntaf: Mai 1997

℗ Gareth Pierce

Ni chaniateir defnyddio unrhyw ran/rannau
o'r llyfr hwn mewn unrhyw fodd
(ac eithrio i ddiben adolygu)
heb ganiatâd perchennog yr hawlfraint yn gyntaf.

Rhif Llyfr Safonol Rhyngwladol:
0-86381-440-9

Clawr: Smala
Mapiau: Ken Gruffydd

Diolch i'r canlynol am y lluniau sy'n ymddangos yn y gyfrol hon:
Bwrdd Croeso Cymru – tud.12,21,31,35,65,67,73,77,81,95
Bwrdeistref Sirol Torfaen – tud.26,81
Cyngor Bwrdeistref Sirol Caerffili – tud.21,25
Gareth Pierce – tud.35,52,55,60
Asiantaeth yr Amgylchedd – tud.17

Argraffwyd a chyhoeddwyd gan Wasg Carreg Gwalch,
12 Iard yr Orsaf, Llanrwst, LL26 0EH.
☎ (01492) 642031

Cynnwys

Gair am y Gyfres 6

Gwent 7

Cyflwyniad 9

Blas y Gorffennol 13

Cymoedd Rhymni, Sirhywi ac Ebwy 18

Torfaen: Dilyn Afon Lwyd 27

Casnewydd a Chaerllion 36

Blaenau Gwent 46

Gogledd Sir Fynwy: Y Fenni a Threfynwy 56

De Sir Fynwy: Cas-gwent a Brynbuga 68

Teithiau Hir a Manylion am Lwybrau Cerdded 78

Enwogion 82

Chwedlau'r Fro 88

Atyniadau Hamdden a Chanolfannau Gwybodaeth 92

Llyfryddiaeth 96

Mynegai 98

Lluniau y clawr: .
Ysgyryd Fawr, Abaty Tyndyrn, Camlas Mynwy,
Castell Caerffilli, Y Pwll Mawr

Gair am y Gyfres

Bob blwyddyn, bydd llinyn o Eisteddfodwyr a llygad y cyfryngau Cymreig yn troi i gyfeiriad dwy fro arbennig – bro Eisteddfod yr Urdd ar ddiwedd y gwanwyn a bro'r Eisteddfod Genedlaethol ynghanol yr haf.

Yn ogystal â rhoi cyfle i fwynhau'r cystadlu a'r cyfarfod, y seremonïau a'r sgwrsio, a'r diwylliant a'r dyrfa, mae'r eisteddfodau hyn yn cynnig llawer mwy na'r Maes yn unig. Yn naturiol, mae'r ardaloedd sy'n cynnig cartref i'r eisteddfodau yn rhoi lliw eu hanes a'u llên eu hunain ar y gweithgareddau, a bydd eisteddfodwyr yn dod i adnabod bro ac yn treulio amser yn crwydro'r fro wrth ymweld â'r gwyliau.

Ers tro, mae bwlch ar ein silffoedd llyfrau Cymraeg am gyfres o arweinlyfrau neu gyfeirlyfrau hwylus a difyr sy'n portreadu gwahanol ardaloedd yng Nghymru i'r darllenwyr Cymraeg. Cafwyd clamp o gyfraniad gan yr hen gyfres 'Crwydro'r Siroedd' ond bellach mae angen cyfres newydd, boblogaidd sy'n cyflwyno datblygiadau newydd i do newydd.

Dyma nod y gyfres hon – cyflwyno bro arbennig, ei phwysigrwydd ar lwybrau hanes, ei chyfraniad i ddiwylliant y genedl, ei phensaernïaeth, ei phobl a'i phrif ddiwydiannau, gyda'r prif bwyslais ar yr hyn sydd yno heddiw a'r mannau sydd o ddiddordeb i ymwelwyr, boed yn ystod yr Eisteddfod neu ar ôl hynny.

Teitlau eraill yn y gyfres:
BRO MAELOR – Aled Lewis Evans, £3.95
BRO DINEFWR – Gol: Eleri Davies, £3.95

Gwent

Gwent yw cornel dde-ddwyreiniol ein gwlad, y rhan fwyaf Rhufeiniedig ac yna'r fwyaf Seisnigedig: ardal sydd efallai'n ddieithr i lawer o Gymry hyd yn oed heddiw.

Ond mae i'r gornel hon ei chyfoeth arbennig – yn ei thirlun amrywiol, ei thystiolaeth i'w gorffennol cyffrous a'i chyfleusterau hamdden ar gyfer y teulu cyfoes.

Nid yw'n gamarweiniol honni taw yng Ngwent y ceir yr atyniadau canlynol gorau yng Nghymru: safleoedd Rhufeinig, cestyll Normanaidd, abatai canoloesol, olion y chwyldro diwydiannol, amgueddfeydd trefol, teithiau cerdded cymharol hir a chopaon hyd at ddwy fil o droedfeddi. Os nad yw eich bryd ar draethau euraid neu gopaon uchel iawn, Gwent amdani felly!

Ardal hawdd ei chyrraedd yw Gwent heddiw. Mae'r M4 a'r A470 yn ei chysylltu'n rhwydd â'n prifddinas, ac o'r gorllewin daw'r A40 neu'r A465 â ni i ogledd Gwent. Gellir cyrraedd cyffiniau'r Fenni yn hwylus hefyd, ar hyd yr A470 neu'r A49 o ogledd Cymru.

Mae cysylltiadau â threfi ac ardaloedd cyfagos dros y ffin wedi bod yn bwysig yn hanes Gwent erioed ac yn ystod ymweliad â'r ardal, mae'n ddigon hawdd teithio i Henffordd, Ross, Caerloyw, Bryste neu Gaerfaddon.

Oherwydd maint yr ardal yr ymdrinir â hi yn y gyfrol hon, ceisiwyd hwyluso defnydd o'r llyfr trwy neilltuo pennod yr un i ardaloedd cynghorau newydd Blaenau Gwent, Casnewydd, Caerffili a Thorfaen, a rhoi dwy bennod i'r ardal llawer ehangach sy'n ffurfio'r sir Fynwy newydd.

Ceisiwyd rhoi arweiniad ymarferol i'r hyn sydd i'w weld ac sydd i'w wneud yn y trefi a'r pentrefi ac yng nghefn gwlad, ac os yw'r darllenydd am wybodaeth ehangach, gall rhai o'r llu cyfrolau a restrir yn y llyfryddiaeth fod o gymorth.

Mae'r awdur yn byw ac yn gweithio yn y de-ddwyrain ers dros ugain mlynedd, ac wedi dod i adnabod Gwent yn gyntaf trwy ymgiprys gaeafol ar ei chaeau rygbi pentrefol a thrwy grwydro ei thiroedd uchel. Yn fwy diweddar, y llwybrau a'r atyniadau sy'n ddeniadol i deulu ifanc sydd wedi ymestyn ei ddiddordeb yn yr ardal.

Cyhoeddodd y gyfrol *Nabod Cwm Rhymni* yn 1990.

Cyfres Broydd Cymru

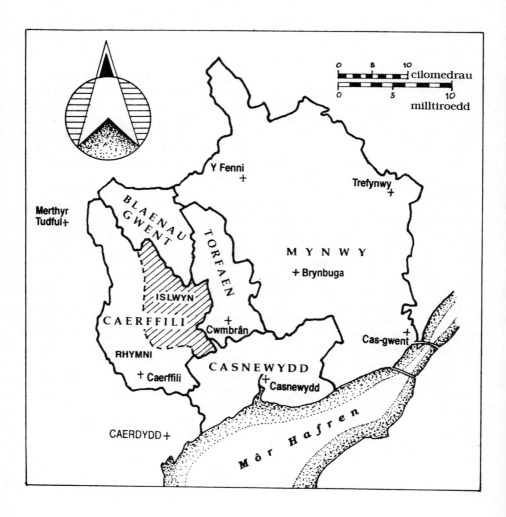

Cyflwyniad

Gan taw dyma'r ardal a ddaeth fwyaf dan ddylanwad y Rhufeiniaid yng Nghymru, efallai ei bod yn briodol iddi gael ei hadnabod wrth yr enw sy'n tarddu o *Venta Silurum* – yr enw Rhufeinig ar y safle a adnabyddir heddiw fel Caer-went.

Hyd at ddyfodiad y Normaniaid, bu cyfnod o saith canrif pan oedd Gwent yn enw ar deyrnas Gymreig gydnabyddedig rhwng afonydd Wysg a Gwy, ond fel sir Fynwy yr adnabuwyd ardal ychydig yn ehangach na hynny am gyfnod o bedair canrif rhwng y Deddfau Uno ac ad-drefniad llywodraeth leol yn 1974. Afon Rhymni oedd ffin orllewinol yr hen sir Fynwy ac afon Gwy luniai'r rhan fwyaf o'i therfyn â Lloegr.

Yna, am ddwy flynedd ar hugain, atgyfodwyd yr hen enw wrth i sir newydd Gwent gael ei ffurfio trwy addasu ychydig ar diriogaeth yr hen sir Fynwy. Ychwanegwyd ati wrth drosglwyddo Bryn-mawr a'r Gilwern o'r hen sir Frycheiniog, ond fe'i lleihawyd hefyd wrth i sir newydd Morgannwg Ganol ennill glannau dwyreiniol Rhymni.

Yn dilyn ad-drefniad pellach ar lywodraeth leol yn 1996, mae tiroedd Gwent bellach yng ngofal pump o gynghorau newydd. Daeth sir Fynwy yn ôl i fodolaeth, ond fel enw ar yr ardal wledig ddwyreiniol yn unig. Adnabyddir gweddill y cynghorau wrth enwau sydd ar y cyfan yn adleisio trefn cynghorau dosbarth 1974-1996. Defnyddir yr enw Gwent o hyd yng ngweinyddiaeth iechyd a heddlu yr ardal, a hefyd gan y Cyngor Hyfforddiant a Menter a'r Cwmni Gyrfaoedd.

Yn dilyn y Deddfau Uno, datblygodd rhyw fath o syniad nad oedd sir Fynwy bellach yn rhan o Gymru, ond myth oedd hynny mewn gwirionedd. Y sail debycaf i'r gred hon oedd bod y sir, at bwrpas cyfreithiol, wedi ei chynnwys yn nghylchdaith llysoedd Rhydychen.

Cafodd y camsyniad hwn rhyw fath o statws swyddogol yn 1881 pan benderfynwyd y dylid hepgor sir Fynwy o Ddeddf Cau'r Tafarnau ar y Sul yng Nghymru. Ond eithriad, ac i raddau camgymeriad technegol oedd hyn. Cadarnhawyd hynny yn 1889 pan gynhwyswyd sir Fynwy yn Neddf Addysg Ganolradd Cymru. Mewn gwirionedd, mae diwylliant ac economi Mynwy a Morgannwg ynghlwm wrth ei gilydd.

Un o sgîl-effeithiau niweidiol y Deddfau Uno oedd colli Erging, ardal Gymraeg ei hiaith, i sir Henffordd. Parhaodd y Gymraeg yn fyw yn yr hen ran hon o Gymru am dros dair canrif wedi'r uno ac mae'r enwau Llangaron, Tretir, Pen-coed, Bagwy Llidiart, Llanfeuno a Maes-coed ar y map cyfoes yn cadarnhau y gallai ffin ein Gwent a'n sir Fynwy ni heddiw fod wedi ei gosod gryn dipyn ymhellach i'r gogledd-ddwyrain i gyfeiriad Henffordd. Yn Erging, am y ffin â dyffryn Euas, y lleolir nofel enwog Bruce Chatwin, *On the Black Hill.*

Ardal amaethyddol ei chymeriad oedd Gwent ganol y bedwaredd ganrif ar bymtheg ac roedd tua phum mil o ffermydd yno – tair mil a hanner o'r rheiny yn hanner can erw neu lai. O fewn canrif, roedd nifer y ffermydd wedi ei haneru, ond roedd mil ohonynt yn parhau i fod yn dyddynnod bychain llai na hanner can erw.

Cynyddodd poblogaeth y sir yn syfrdanol yng nghyfnod y chwyldro diwydiannol ac yn ystod twf y diwydiant glo. Ardaloedd blaenau'r cymoedd, dyffrynnoedd Llwyd, Ebwy, Sirhywi a Rhymni a thref Casnewydd ei hun ddaeth dan ddylanwad y diwydiannau trymion.

Yn 1750, roedd siroedd Ceredigion, Dinbych, Morgannwg a Phenfro i gyd yn fwy poblog na sir Fynwy. Hyd at 1821 roedd y Fenni yn dref fwy na Chasnewydd, ond o fewn canrif daeth tref y porthladd i fod ddengwaith cymaint â'r dref farchnad wledig. Hyd at 1848, roedd mwy o lo yn gadael porthladd Casnewydd nag a adawai borthladd Caerdydd.

Yn 1801, 46,000 oedd poblogaeth sir Fynwy, ond erbyn 1831 roedd wedi dyblu i 95,000 gan ddyblu eto bob deugain mlynedd nes bod 195,000 yn byw yno yn 1871, a 395,000 yn 1911.

Cyrhaeddodd y boblogaeth ei huchafswm o 472,000 yn 1925, ond yn sgîl y dirwasgiad bu lleihad cyson hyd ddiwedd yr Ail Ryfel Byd pan ostyngodd i 400,000. Ers hynny, cynyddodd y boblogaeth eto nes ei bod cyfuwch ag erioed.

Gwelwyd y mewnlifiad mwyaf rhwng 1841 ac 1851, pan fewnfudodd 10,000, a rhwng 1901 ac 1911, pan ddenwyd 34,000 o bobl i'r ardal gan ddatblygiadau glofaol helaeth. Ond o fewn ugain mlynedd, roedd oes aur fer y cymoedd diwydiannol ar ben i bob

pwrpas. Gadawodd 63,000 y sir yn y 1920au a 53,000 arall yn y 1930au.

Llwyddiant yr ystadau diwydiannol a buddsoddiadau tramor sydd i gyfrif am sefydlogrwydd y boblogaeth dros y degawdau diweddar. Bu'n gyfnod o adfer amgylchfyd y cymoedd diwydiannol hefyd, ac o ddatblygu ardaloedd hamdden mewn cymdogaethau a fu am flynyddoedd dan gysgod tomennydd gwastraff y gweithfeydd a than gymylau caddug.

Bu'r iaith Gymraeg ar drai cyson o 1891, pan amcangyfrifwyd bod tua 15% o boblogaeth sir Fynwy yn siarad Cymraeg, hyd at 1971 pan nad oedd ond prin 2% yn siarad yr iaith. Ers hynny, gwelwyd cynnydd – yn bennaf oherwydd dylanwad yr ysgolion Cymraeg, sydd ers 1988 yn cynnwys Ysgol Gyfun Gwynllyw.

Yng nghyfnod yr uchelwyr, roedd y Gymraeg ar wefusau teuluoedd bonheddig Gwent – teuluoedd Morgan, Herbert, Kemeys a Williams. Roeddent yn noddi beirdd ac fe ganodd Dafydd ap Gwilym, Guto'r Glyn a Lewys Glyn Cothi iddynt yn y bymthegfed ganrif.

Mae i Went ei thraddodiad eisteddfodol teilwng hefyd, a bu sefydlu Cymreigyddion y Fenni yn 1833 yn hwb mawr i'r traddodiad hwnnw. Roedd dylanwad Brycheiniog trwy Thomas Price (Carnhuanawc) a Thomas Bevan (Caradawc) yn allweddol yn y dyddiau cynnar. Daeth Augusta Waddington (Gwenynen Gwent) dan eu dylanwad hwythau, a phan ddaeth hi'n Arglwyddes Llanofer, cyflogai weision a gweinyddesau Cymraeg eu hiaith, yn ogystal â chaplan a thelynor. Datblygodd rwydwaith o dirfeddianwyr yng Ngwent a oedd yn gefnogol i'r diwylliant Cymraeg, oherwydd bod gweithgaredd o'r fath yn tynnu sylw'r werin rhag cael eu denu i grwydro tuag at weithgareddau y Siartwyr, efallai.

Cynhaliwyd eisteddfodau dan nawdd y Cymreigyddion hyd at 1853, ond daeth eu gweithgareddau i ben yn ddisymwth yn 1854.

Bu'r Eisteddfod Genedlaethol yng Ngwent bum gwaith – chwe gwaith wrth gynnwys Eisteddfod Cwm Rhymni (1990) a gynhaliwyd ym Mharc Bryn Bach rhwng Rhymni a Thredegar.

Y tro cyntaf i'r Brifwyl ymweld â Gwent oedd yn 1897 (Casnewydd), ymhell cyn dyfodiad y 'rheol Gymraeg'. Derbyniwyd Tom Ellis a Lloyd George i'r Orsedd; cadeiriwyd J.T. Job, a oedd yn weinidog yn Aberdâr; a choronwyd Mafonwy Davies, gweinidog ym Mlaenafon.

Cafwyd gwell tyrfaoedd ym mhrifwyl y Fenni (1913) a agorodd gyda phasiant Saesneg yn darlunio hanes Gwent ac a ddenodd 12,000 i'r Maes. Arwisgwyd yr awduron Moelona ac Eluned gan yr Orsedd ac fe glywyd y llinellau hyn yn natganiad cerdd dant Eos Dâr o'r Maen Llog:

Nis gall Lloegr gyda'i rhodres
Wneuthur Mynwy byth yn Saesnes;
Rhaid yw chwalu'r bryniau'n yfflon
Cyn y gellir mynd â'i chalon.

Sarnicol a Wil Ifan gipiodd y Gadair a'r Goron.

Dychwelodd yr Eisteddfod i Went un mlynedd ar ddeg yn ddiweddarach

(1924) i barc Pont-y-pŵl. Coronwyd Prosser Rhys ym mhresenoldeb y Tywysog Edward, ac enillodd Cynan y Gadair am ei awdl 'I'r Duw nid Adweinir'. Roedd Eifion Wyn hefyd yn bencampwr gyda'i delyneg 'Cwm Pennant'.

Yn 1958, daeth yr Eisteddfod i Lynebwy a bu'r 'rheol Gymraeg' yn ddadleuol yno. Ymhlith eraill, fe'i torrwyd gan Aneurin Bevan a siaradodd Saesneg o'r llwyfan. Yn dilyn yr ŵyl honno tynhawyd y 'rheol Gymraeg'. Cafwyd cynulleidfa mor fawr nes bod angen atodiad i'r pafiliwn ar gyfer rhai sesiynau. Cadeiriwyd T. Llew Jones a choronwyd Llewelyn Jones. Croesawyd y baswr Negroaidd Paul Robeson i'r Gymanfa Ganu yn y pafiliwn ar un o'i ymweliadau cyntaf ma's o'r Unol Daleithiau, wedi cyfnod pan gafodd ei wahardd rhag teithio oherwydd amheuon y wladwriaeth am ei safbwyntiau gwleidyddol.

Cafwyd cefnogaeth frwd gan bobl Gwent i Eisteddfod Casnewydd (1988) hefyd, a gynhaliwyd ym Mharc Tredegar. Cadeiriwyd Elwyn Edwards am ei awdl 'Storm', a T. James Jones a enillodd y Goron am ei bryddest 'Ffin'.

Gwobrwywyd Robat Powell am ei gywydd i Went, sy'n 'tynnu ar ei hanes i gysylltu yr hyn sy' ar droed ar ei thir heddiw â'r hyn a fu,' yn ôl canmoliaeth y beirniad, Dafydd Islwyn. Mae ei bymtheg pennill yn adleisio cyfnodau'r Rhufeiniaid, y Normaniaid, y chwyldro glofaol a'r Siartwyr, gan gloi â deisyfiad gobeithiol:

Rho i ni iaith yr hen wŷr,
A dygwn o Dredegyr
I su Wysg ffagl y sir,
A hen warrog a dorrir.

A haearn iaith torrwn hyd
Y grafanc a'i gôr hefyd.

I'r fro well daw'r friallen
A'i lliw lle bu'r fantell wen.
Addo haf mae'r haul a ddwg
Ei wres i Gefan Rhyswg,
A rhed ebol i'w ddolydd
Yn llon hyd orwelion rhydd.

Afon Gwy

Blas y Gorffennol

Yn y bennod hon, y bwriad yw cyfeirio'n gryno at y dystiolaeth hanesyddol sydd i'w gweld yng Ngwent.

Daeareg

Y dystiolaeth hynaf yw daeareg yr ardal, a dyma'r dylanwad cryfaf ar ddatblygiad cwbl wahanol y rhannau gorllewinol a'r rhannau dwyreiniol.

Ardal eang o hen dywodfaen coch yw'r dwyrain, â'i thirlun o fân fryniau yn cael ei groesi gan ddwy brif afon – Wysg a Gwy. Creigiau carbonifferaidd yn goleddu tua'r de sydd yng ngorllewin Gwent – ardal y pyllau glo, gydag afonydd Rhymni, Sirhywi ac Ebwy wedi erydu'r creigiau meddalaf.

Yn ardal Brynbuga y gwelir creigiau hynaf Gwent; mae ffosilau wedi eu darganfod mewn haenau Silwraidd, shâl Wenlock, yn ardaloedd Llanbadog a Llangybi yng nghyffiniau Brynbuga.

Ychydig iawn o bobl gaiff gyfle i weld un o drysorau daearegol pennaf Gwent, sef system ogofau Twll y Dwrgi *(Otter's Hole)*. Maent yn ymestyn o lannau afon Gwy i ardal Iddon, gan dreiddio i ddyfnder o 11,000 troedfedd dan gwrs rasio ceffylau Cas-gwent a phentref Sant Arfan. Darganfuwyd yr ogofau yn 1970 ond mae'r fynedfa bellach dan glo. Dim ond ogofwyr profiadol ddylai fentro yno, gan fod rhaid plymio pan fydd y llanw'n isel er mwyn dechrau'r daith.

Yr Oes Efydd

Roedd yr Oes Efydd yn gyfnod ffyniannus yn ne-ddwyrain Cymru, ac o'r cyfnod hwn y daw'r olion cynharaf o waith dyn yn yr ardal. Mae'r garnedd gron ar gopa Carn Bugail, Gelli-gaer a'r cylch cerrig ar y Garn Lwyd, Llanfair Isgoed yn perthyn i'r ail fileniwm cyn Crist, ac mae'n debyg bod y trefniant o feini hirion ger Tryleg wedi eu codi oddeutu'r un cyfnod.

Yr Oes Haearn

Hwn yw'r cyfnod cynharaf a adawodd olion o aneddleoedd yn ogystal â chladdfeydd. Fe welir nifer o fryngaerau o faint canolig, rhai gydag amddiffynfeydd amlwg. Ymhlith yr enghreifftiau gorau mae'r gaer yng Nghasnewydd, sydd wedi rhoi ei henw i ran o'r dre, a Thwyn y Gaer rhwng Llanfihangel Crucornau a Chwm-iou.

Gall y rhain fod cyn hyned â'r seithfed ganrif cyn Crist, ac felly hefyd fryngaerau Llanmelin ger Caer-went a'r gaer yn Sudbrook sy'n gwarchod aber afon Gwy. Bro'r Silwriaid, llwyth annibynnol na fyddai'n ildio i neb yn rhwydd, oedd de-ddwyrain Cymru yn y cyfnod hwn.

Y Rhufeiniaid

Daeth oes y bryngaerau i ben yn sgîl dyfodiad y Rhufeiniaid. Erbyn 47 O.C. roedd de-ddwyrain Lloegr wedi ei oresgyn gan y Rhufeiniaid, a bu cyfnod pan oedd Silwriaid a llwythau eraill yn byw i'r gogledd a'r gorllewin o'r Fosse Way a redai o Lincoln i Exeter.

Erbyn 75 O.C. fe drechwyd y Silwriaid, a sefydlwyd pencadlys

Rhufeinig yn lleng-gaer Isca (Caerllion) ac isgaerau yn Burrium (Brynbuga), Gobannium (Y Fenni) a Gelli-gaer. Yng Nghaerllion y mae'r olion Rhufeinig mwyaf sylweddol yng Ngwent.

Bywyd dinesig oedd bywyd gwâr i'r Rhufeiniaid, a'u nod oedd cael y Silwriaid brodorol i gydnabod hynny hefyd a sefydlu trefi hunan-lywodraethol. Erbyn tua 120 O.C. roedd bro'r Silwriaid yn cael ei hystyried yn ddigon heddychlon i dref farchnad *Venta Silurum* (Caer-went) gael ei sefydlu fel *civitas* Rufeinig yno.

Roedd dau draddodiad crefyddol yn bodoli gyferbyn â'i gilydd yn y cyfnod hwn. Canfuwyd creiriau yng Nghaerllion sy'n adleisio'r grefydd Geltaidd, ac yn Lydney ar draws afon Gwy o Went yr oedd teml Geltaidd a godwyd tua 370 O.C. i'r duw iachau, Nodens. Yng Nghaer-went, cafwyd creiriau â monogramau Cristnogol arnynt. Dywedir bod dau o'r merthyron cynharaf, Julius ac Aaron, wedi cael eu dienyddio yng Nghaerllion yn y drydedd ganrif.

Teyrnas Gwent

Wedi enciliad y Rhufeiniaid, ymrannodd Prydain yn ddwyrain Sacsonaidd, gogledd Gaelaidd a gorllewin Brythonaidd. Yn y cyfnod tua 500 O.C., sefydlwyd teyrnas Gwent rhwng afonydd Wysg a Gwy gan Garadog Freichfras yn ôl traddodiad. I'r gorllewin o Went roedd teyrnas Glywysing, a Meurig ap Tewdrig oedd un o'i brenhinoedd cyntaf.

Erbyn i deyrnas Wessex ymestyn ei ffiniau i gynnwys Caerloyw a glannau dwyreiniol Gwy, roedd y Cymry dan fygythiad amlwg. Cyfeiria John Davies at draddodiad bod gwŷr Gwent wedi atal y Saeson trwy fuddugoliaeth drostynt tua 630, 'digwyddiad gyda'r pwysicaf yn hanes Cymru', oherwydd iddynt 'gynnal ffin afon Gwy a thrwy hynny gadw i Gymru Went a Glywysing'.

Cadarnhawyd y ffin hon ddiwedd yr wythfed ganrif pan godwyd Clawdd Offa, clawdd pridd a oedd yn addas ar gyfer dynodi yn hytrach nag amddiffyn y ffin.

Yn ystod y chweched a'r seithfed ganrif bu'r saint Cristnogol Celtaidd yn weithgar, ac yn y cyfnod hwnnw y daeth Gwent dan ddylanwad Cadog.

Y Normaniaid

Erbyn 1086, o fewn ugain mlynedd i frwydr Hastings, roedd y Normaniaid wedi codi eu cestyll cyntaf yng Nghas-gwent, Trefynwy a Chaerllion, a thrwy hynny wedi goresgyn Cymry iseldiroedd Gwent.

Ond parhaodd arweinyddion Cymreig annibynnol i reoli ardaloedd ym Mlaenau Gwent a Morgannwg. Mewn cynghrair â hwy, tua 1270, roedd Llywelyn ap Gruffudd yn gymaint o fygythiad i'r Normaniaid fel bu'n rhaid iddynt godi amddiffynfa gadarn yng Nghaerffili i'w wrthsefyll. Symbol o falchder Gilbert de Clare a phrawf o rym apêl Tywysog Cymru i'r Cymry yw castell Caerffili, yn ôl John Davies.

Mor ddiweddar ag 1316, roedd Llywelyn Bren, disgynnydd i Ifor Bach, yn arwain Cymry'r blaenau mewn gwrthryfel yn erbyn teyrn Caerffili.

Mynachdai

Sefydlwyd y mynachdai nodedig sydd yng Ngwent dan ddylanwad y Normaniaid. Gweithrediadau defosiynol barwniaid megis William fitzOsbern, a sefydlodd briordy yng Nghas-gwent, sy'n gyfrifol am eu bodolaeth. Dewisodd William de Lacy leoliad ar gyfer ei briordy Awstinaidd yn Llanddewi Nant Hodni, a sefydlodd Walter de Clare abaty Sistersiaidd Tyndyrn yn 1131.

Yn ddiweddarach, datblygodd nifer o'r priordai cynnar yn eglwysi plwyf. Daeth y prif abadau yn berchenogion tir sylweddol pan roddwyd rhandaliadau iddynt, ond daeth eu dylanwad i ben yng nghyfnod y Tuduriaid.

Glyndŵr

Erbyn haf 1404, roedd ymgyrch Glyndŵr wedi ymestyn i Went. Bu brwydro ar gyrion y Fenni ac yna yng Nghraig y Dorth ger Tryleg, ble trechwyd y Saeson a'u gorfodi i ddianc i Drefynwy.

Ond doedd 1405 ddim cystal blwyddyn i gefnogwyr Glyndŵr. Fe'u trechwyd wrth iddynt geisio ymosod ar gastell Grysmwnt, ac eto wrth iddynt ymosod ar Frynbuga pan laddwyd Tudur, brawd Glyndŵr, a phan gipiwyd Gruffudd ei fab yn garcharor i dŵr Llundain.

Roedd gwrthryfel Glyndŵr yn gyfnod o ddinistr yn nifer o drefi Seisnigedig Gwent, ac roedd tensiwn rhwng tirfeddianwyr y maenordai a'r Cymry a oedd wedi gadael y tir er mwyn cefnogi'r ymgyrchoedd.

Y Porthmyn

Hyd at y ddeunawfed ganrif, roedd y porthmyn ymhlith y prif allforwyr o Went. Eu priffyrdd oedd yr A40 presennol trwy'r Fenni, Rhaglan a Threfynwy i farchnadoedd Henffordd, a llwybr yr A48 a'r M4 o Fro Morgannwg i Gaerdydd a Chasnewydd, ac i gyfeiriad Porth Sgiwed ble gellid croesi aberoedd Gwy a Hafren er mwyn cyrraedd cyffiniau Bryste.

Mae llawer o dafarnau diddorol ym mân bentrefi Gwent sy'n dyst i'r prysurdeb a fu ar hyd y ffyrdd gwledig yn y cyfnod hwn, pan oedd diwydiant yn gyfyngedig i rai mentrau cynnar megis sefydlu ffwrneisi a diwydiannau eraill. Ymhlith y rhain roedd gwaith haearn Richard Hanbury ym Mhont-y-pŵl, 1565, a gwaith cynhyrchu gwifrau yn Nhyndyrn, 1566.

Y Chwyldro Diwydiannol

Erbyn sefydlu y ffwrnais olosg gyntaf yng ngwaith haearn Sirhywi yn 1778, roedd ardaloedd Blaenau Gwent yn denu buddsoddwyr o Loegr. Daeth Jeremiah Homfray i Lynebwy a Thomas Hill i Flaenafon yn 1789. Roedd diwydiant haearn sylweddol yn tyfu ym mlaenau'r cymoedd rhwng Hirwaun a Blaenafon. Yma, roedd glo yn agos i'r wyneb a digonedd o haearn crai a charreg galch yn hwylus o fewn cyrraedd.

Ond nid oedd y cysylltiadau rhwng yr ardaloedd hyn a'u marchnadoedd mor gyfleus. Felly, datblygwyd rhwydwaith o dramffyrdd yn arwain i gyfeiriad Casnewydd ac at gamlesi a adeiladwyd yn bennaf rhwng 1790 ac

1800, ac a gafodd oes aur fer o lai na hanner canrif.

Bu dirwasgiad yn y diwydiant haearn yn dilyn terfyniad rhyfeloedd Napoleon. Cwtogwyd gwaith a chyflogau a chafwyd terfysg yn y trefi haearn o Ferthyr i Flaenafon yn 1816.

Dechreuwyd adeiladu rheilffyrdd a daeth mwy o alw am haearn, ond parhau wnâi anniddigrwydd ymysg y gweithwyr oherwydd gorthrwm trefn y cwmnïau haearn, a'u system *truck* a oedd yn clymu teuluoedd i brynu nwyddau o'u siopau hwy. Roedd amodau tai ac iechyd yn wael hefyd, a daeth y colera yn sgîl hynny.

Ym Mlaenau Gwent, ymddangosodd y *Scotch Cattle* – mintai o weithwyr bygythiol a gynddeiriogwyd gan y fath orthrwm. Ond yn fwy cyffredinol, y Siartwyr a ymgyrchai fwyaf o blaid diwygiadau cymdeithasol a gwleidyddol, gan gyrraedd penllanw yn 1839 pan gyrchwyd yn aflwyddiannus tua Chasnewydd.

Y Diwydiannau Glo

Yn raddol, dechreuodd y meistri haearn arallgyfeirio ac agor pyllau glo i werthu glo i'r farchnad yn hytrach na'i gloddio fel deunydd ar gyfer y gweithfeydd haearn yn unig. Symudodd diwydiant i lawr y cymoedd, a chyrhaeddodd rheilffyrdd i Gwm Llwyd (1854), Cwm Ebwy (1855) a Chwm Rhymni (1858). Arweiniodd hyn at ddatblygiad dociau Casnewydd, ble agorwyd yr *Alexandra North Dock* yn 1875.

Yn oes y pyllau glo dwfn yng Ngwent, cafwyd damweiniau erchyll. Yng nglofa'r Wythïen Ddu, Rhisga,

lladdwyd 232 yn 1861. Yng nglofa Tywysog Cymru, Aber-carn, lladdwyd 268 yn 1878 ac yng nglofa Llannerch, lladdwyd 176 yn 1890.

Parhawyd i suddo pyllau newydd hyd ddechrau'r ganrif hon, megis yng nglofa Navigation, Crymlyn a agorwyd yn 1911. Caewyd nifer helaeth o byllau enwog yn y 1960au, ac yn dilyn streic y glowyr yn 1984, dim ond y Marine (a gaeodd yn 1986) a Phenallta (a gaeodd yn 1992) oedd ar ôl.

Y Diwydiant Dur

Yn dilyn dirwasgiad y 1920au a'r 1930au, pan welwyd caledi enbyd yn y cymoedd, gwnaed ymdrechion i sefydlu diwydiannau newydd yng Ngwent. Y datblygiad mwyaf arwyddocaol oedd i gwmni Richard Thomas feddiannu, ymestyn a moderneiddio gwaith dur segur Glynebwy yn 1936.

Roedd gweithfeydd dur wedi datblygu yn y cymoedd ers y 1860au pan ddefnyddiwyd proses *Bessemer* gan bump o gwmnïau rhwng Dowlais a Forgeside, Blaenafon. Ond erbyn troad y ganrif, roedd gweithfeydd dur Rhymni a Thredegar wedi cau a chwmni Dowlais wedi symud rhan o'u gwaith i East Moors, Caerdydd.

Roedd buddsoddi yng Nglynebwy yn ymdrech i atal y llanw a symudai'r diwydiant at yr arfordir, a'r hyn a ddaeth yn goridor i'r M4. Gwariwyd ar foderneiddio yng Nglynebwy ar ddechrau'r 1950au, ac yn 1962 buddsoddwyd eto ac agorwyd gwaith dur enfawr gan *RTB* yn Llan-wern, ger Casnewydd.

Ond erbyn 1972, roedd yn amlwg ei

bod yn amhosibl i *RTB* gynnal gwaith sylweddol yng Nglynebwy ac yn Llan-wern. Diswyddwyd 4,500 yng Nglynebwy ac yn 1978 daeth y gwaith cynhyrchu dur yno i ben. Yn y cyfnod hwn hefyd fe gollwyd gwaith *ICI Nylon Fibres* ym Mamheilad ger Pont-y-pŵl.

Mewn-fuddsoddiadau
Y prif ddylanwad ar Went gyfoes yw buddsoddiadau tramor, yn arbennig o Siapan mewn ffatrïoedd gweithgynhyrchu electronaidd. Sefydlwyd cysylltiadau gwell trwy ddatblygu'r heolydd ac agor ail bont Hafren yn 1996, ac mae'r ardal yn obeithiol iawn ynghylch y cyfleoedd sydd ar gael ar gyfer ei gweithlu. Arhosodd poblogaeth y cymoedd yn lled sefydlog, a derbyniodd y trigolion ffordd o fyw yn y pentrefi *dormitory*, gan deithio i'r gweithleoedd sydd yn rhannau deheuol yr ardal yn bennaf.

Gwaith Dur Llan-wern

Cymoedd Rhymni, Sirhywi ac Ebwy

Mae cymoedd mwyaf gorllewinol hen sir Gwent bellach wedi eu cyplysu â Chwm Rhymni i ffurfio bwrdeistref sirol Caerffili. Gyda'i phoblogaeth o 171,000 mewn ardal o 108 milltir sgwâr, dim ond tair o'r siroedd newydd sy'n fwy poblog na hon.

Mae tref Caerffili, sydd ond tua deng milltir o Gaerdydd, yn parhau i dyfu'n sylweddol wrth i bobl sy'n gweithio yng nghyffiniau'r brifddinas ymgartrefu yno. Fe ddatblygwyd canolfan siopa newydd yno'n ddiweddar hefyd. Ond naws y cymoedd sydd i'r ardal, gyda chwmnïau tramor megis *Aiwa*, *Nortel* ac *ASAT* bellach wedi sefydlu yn y cylch yn dilyn diflaniad y pyllau glo.

Mae'r ardal yn cynnwys Cwm Rhymni ar ei hyd, a'r ardal a elwid yn Islwyn tan yn ddiweddar – sef hanner isaf dyffryn Sirhywi o ardal Markham i Cross Keys, a rhan ganol Cwm Ebwy rhwng Glandŵr a Rhisga.

Rhwng Rhymni a Bargod

Bu datblygiad tref Rhymni yn drwm dan ddylanwad y Cwmni Haearn. Nid nepell o'r orsaf drenau mae prif adeilad Siop y Cwmni, oedd â changen arall ar Sgwâr Twyn Carno yn rhan uchaf y dref.

Wrth ddringo'r rhiw o'r orsaf i'r Stryd Fawr mae ardal y Lawnt ar y dde, lle'r oedd tri tŷ sylweddol iawn ar gyfer rheolwr y Cwmni, meddyg y Cwmni a'r cyfarwyddwyr fyddai ar ymweliad. Mae'r lawnt bellach yn gartref i Ysgol Gynradd Gymraeg Rhymni. Y Cwmni a dalodd am godi Eglwys Dewi Sant hefyd.

Un o'r ychydig sefydliadau oedd yn annibynnol o'r Cwmni oedd yr ysbyty bychan a sefydlwyd trwy gyfraniadau ceiniog yn y bunt o gyflogau'r gweithwyr. Yn y Teras, mae ysbyty Redwood – stryd o dai ar gyfer yr is-reolwyr – sy'n dipyn mwy moethus na thai teras y gweithwyr cyffredin. Yn 1870 yn un o'r tai teras hyn, rhif 100 yn y Stryd Fawr, y ganed Thomas Jones – gŵr a ysgrifennodd lawer am hanes yr ardal yn y ganrif ddiwethaf.

Yn ardal y Drenewydd (*Butetown*), bu cynllun uchelgeisiol yn 1802 i godi tai safonol ar gyfer gweithwyr gwaith haearn cynnar Ardalydd Bute. Sefydlwyd Amgueddfa'r Drenewydd mewn dau fwthyn yn Lower Row (rhifau 26 a 27), i bortreadu bywyd a chartrefi'r gweithwyr yn y 1870au, gan ddangos hefyd sut brofiad oedd byw mewn seler. Mae'r amgueddfa yn agored yn y prynhawniau (12:00-4:00) o ddydd Iau i ddydd Sul trwy fisoedd yr haf (01685 843039).

Rhwng Rhymni a Bargod mae pentrefi glofaol Abertyswg, Tredegar Newydd (gyda Philipstown ar y gefnen uwchben), Tir-phil a'r Brithdir.

Mae modd teithio i'r Bargod trwy ddringo o Bontlotyn i'r Fochriw, sydd ym mhen uchaf cwm Nant Bargod Rhymni hefyd. O'r heol rhwng Fochriw a Deri, gellir cerdded i gopa Carn Bugail er mwyn gweld olion carnedd o'r Oes Efydd a mwynhau golygfeydd helaeth.

Wrth ddisgyn tua'r Deri aiff yr heol heibio i Barc Cwm Darran, lle mae llyn bychan, maes gwersylla, llwybrau

Gwent

cerdded a beicio a pharc chwarae. Mae canolfan ymwelwyr (01443 875557) a siop goffi yno hefyd.

Gyda stondinau symudol y farchnad wythnosol a chnewyllyn o siopau yn y Stryd Fawr, mae tref Bargod yn ceisio parhau yn ganolfan mân-werthu i ran uchaf y cwm, ond atgof pell yw'r llewyrch a welodd y dref yng nghyfnod yr _Emporium_. Ar lawr y cwm roedd pwll glo'r dref, safle sydd bellach yn cael ei glirio er mwyn creu ffordd newydd ac ardal ddeniadol o lwybrau a choedydd.

Ar ochr ddwyreiniol y cwm mae pentref Aberbargod ac oddi yma y cyrhaeddir at hen eglwys Sant Sannan, Bedwellte, sydd ar y grib rhwng cymoedd Rhymni a Sirhywi. Cyn cyfnod y pyllau glo, roedd llawr y cwm yn goediog iawn ac felly ar y tir uchel y gwelir yr eglwysi hynaf yn ogystal ag olion o gyfnodau cyn hanes ac o oes y Rhufeiniaid.

Gelli-gaer a Nelson

Er mwyn cyrraedd pentref Gelli-gaer, rhaid dringo tua'r gorllewin o'r gyffordd ym Mhengam ar lawr y cwm.

Mae eglwys blwyf drawiadol arall yng Ngelli-gaer ac yn ei chyffiniau yn Castle Hill mae Twyn Castell, lle bu caer fechan yng nghyfnod Ifor Bach a'i ddisgynyddion a fu'n amlwg mewn gwrthryfeloedd lleol yn erbyn y Normaniaid. Gyferbyn â'r eglwys, mae tafarn yr _Harp_ ar safle tafarn lai lle magwyd y telynor Dafydd Penygarreg (1817-55) a oedd yn fab i David Davies, yntau yn 'dafarnwr a thelynor'. Ymhellach i fyny'r rhiw mae cofeb i ddynodi safle gwreiddiol Ysgol Lewis i

fechgyn (1760) ac yn y cae y tu hwnt i'r gofeb mae olion caer Rufeinig Gelli-gaer.

Oddi yma, mae'r heol yn disgyn i gyfeiriad Nelson. Ar y chwith cyn cyrraedd Trelewis mae maenordy Llancaiach Fawr a adferwyd yn amgueddfa i ddarlunio bywyd yng nghyfnod y Rhyfel Cartref pan oedd Cyrnol Edward Prichard yn flaengar fel gwrthwynebydd i'r frenhiniaeth. Mae rhaglen o weithgareddau amrywiol yn cael ei chynnig yn y maenordy sydd wedi datblygu'n atyniad poblogaidd iawn. Caiff ymwelwyr fynd o gwmpas ystafelloedd y maenordy gyda thywyswyr wedi eu gwisgo yn arddull cyfnod y Cyrnol Prichard. Agorir trwy'r flwyddyn ar wahân i foreau Sul yn y gaeaf (01443 412248).

Ger tafarn y _Royal Oak_ ym mhentref Nelson, mae plaen-pêl tebyg i gwrt sboncen heb do. Fe'i codwyd gan berchenogion y dafarn er mwyn denu cwsmeriaid oedd yn hoffi chwarae math o _handball_ yn yr awyr agored.

Yr Hengoed

Un o hynodion Cwm Rhymni yw'r draphont, sydd fel arfer yn cael ei hadnabod wrth yr enw Traphont Hengoed. Cariai hon y trenau a groesai'r cymoedd rhwng y dwyrain a'r gorllewin. Cwblhawyd y bont yn 1857 a bu trenau'n ei chroesi – 120 troedfedd uwch afon Rhymni – hyd 1964.

Yng nghysgod y bont mae adeiladau hen felin wlân a'r tŷ a godwyd gan John Jenkins, 'Shôn Shincyn', a fu'n weinidog yma gyda'r Bedyddwyr rhwng 1809 ac 1853. Gwelir capel yr

Cyfres Broydd Cymru

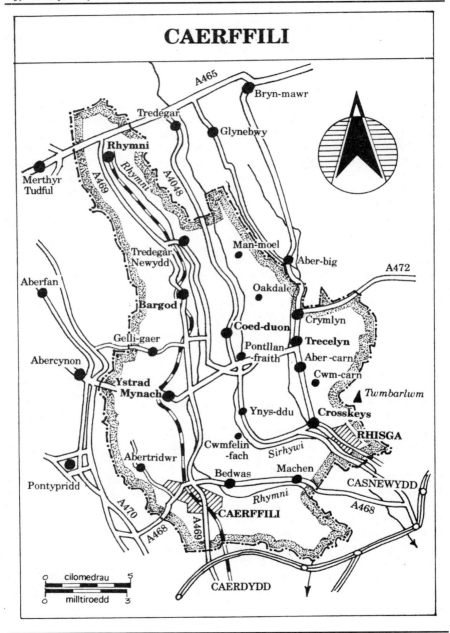

Gwent

Amgueddfa'r Drenewydd

Maenordy Llancaiach Fawr

Cyfres Broydd Cymru

Hengoed ar yr heol sy'n dringo o Ystrad Mynach i gyfeiriad Gelli-gaer. Aelod amlwg o gynulleidfa'r Hengoed yn y ddeunawfed ganrif oedd Morgan John Rhys a fagwyd yn ffermdy Graddfa, Llanbradach. Bu'n gweithio dros ryddid crefyddol a rhyddid meddwl yng Nghymru, Ffrainc a'r Unol Daleithiau.

Caerffili

Trwy ei gaws a'i gastell y daeth Caerffili yn adnabyddus, ond rhoddodd y dref ei henw i'r etholaeth seneddol ers blynyddoedd, a bellach i'r cyngor newydd.

Nodweddion pwysicaf caws Caerffili oedd na fyddai'n chwalu nac yn chwysu ym mocs bwyd y glöwr, a bod ganddo ddigon o flas halen i apelio at archwaeth y dynion yng ngwaelod y pwll.

Symbol o nerth Cymru unedig yw'r castell, mewn cyfnod pan oedd arglwyddi Cymreig blaenau'r cymoedd yn gallu galw am gymorth tywysogion Cymreig – Llywelyn Fawr ac yna Llywelyn ap Gruffudd – er mwyn bygwth y Normaniaid. Adeiladwyd y castell presennol bron yn gyfangwbl gan Gilbert de Clare rhwng 1268 ac 1271, yn amddiffynfa rhag bygythiad y Cymry lleol a gefnogwyd gan Llywelyn ap Gruffudd.

Llosgwyd rhannau o'r castell gan Llywelyn yn 1270 a bu'r castell dan ei warchae yn 1271 nes i esgobion o Loegr ei berswadio i dynnu'n ôl, gydag addewid o drafodaethau pellach ynghylch trosglwyddo Caerffili i ddwylo Cymreig, fel y byddai'n gyson â'r ddealltwriaeth fod Blaenau Morgannwg yn deyrngar i dywysog Cymru yn hytrach nag i'r arglwyddi Normanaidd a reolai'r arfordir. Ond ni ddaeth dim o'r addewidion ac nid aflonyddwyd ar y castell eto tan 1316, pan oedd Llywelyn Bren yn arwain gwrthryfel lleol yn erbyn gormes ar hawliau'r Cymry gan arglwyddi Morgannwg – teulu'r Despensers. Mae'r castell yng ngofal Cadw heddiw ac yn agored gydol y flwyddyn (01222 883143).

Gyferbyn â'r castell mae canolfan ymwelwyr Caerffili, sy'n cynnig dehongliad o hanes a diwylliant lleol, ac sy'n gwerthu cynnyrch crefftau'r ardal.

I'r gorllewin o Gaerffili mae pentrefi glofaol Abertridwr a Senghennydd yng nghwm yr Aber. Collwyd 439 o lowyr yn nhanchwa glofa'r Universal yn Senghennydd yn 1913, a'u claddu ym mynwent Penyrheol, Caerffili a mynwent plwyf Eglwysilan sy'n uchel ar y mynydd uwchben y cwm.

Wrth ddilyn afon Rhymni i'r dwyrain o Gaerffili, pentrefi Bedwas, Tretomos a Machen sydd ar y brif heol i Gasnewydd. Cynhelir gŵyl gerddorol flynyddol ym Machen. Dewis arall yw crwydro'r heol wledig trwy Rhydri a Draethen, gan gyrraedd cyffiniau Casnewydd trwy Lanfihangel y Fedw. Yn yr ardal hon y mae plas Cefn Mabli a chastell Rhiw'rperrai, y ddau bellach wedi eu difetha gan danau.

Dyffryn Sirhywi

Ar ucheldir dwyreiniol dyffryn Sirhywi, rhwng Tredegar ac Oakdale, mae parc gwledig Llyn Pen-y-fan. Cronnwyd y llyn yn wreiddiol i gynnal lefel y dŵr yng nghamlas Mynwy. Erbyn hyn, mae'n gyrchfan hamdden boblogaidd ac mae maes chwarae yma i ddiddori'r plant. Nid yw ond dafliad carreg i ffwrdd oddi wrth bentref bychan Manmoel.

Pentref glofaol wedi ei gynllunio yn fwriadol yw Oakdale, gyda phatrwm cwbl gymesur o boptu llinell ganolog sy'n rhedeg o'r gogledd-ddwyrain i'r de-orllewin. Erbyn heddiw, symudwyd yr Institiwt a oedd yn un o brif adeiladau'r pentref i Sain Ffagan.

Coed-duon yw prif ardal siopa y rhan hon o'r cwm ac mae prysurdeb y Stryd Fawr yn tystio i hyn. Mae Pontllan-fraith bron ynghlwm i'r Coedduon erbyn heddiw. Nododd Bedwyr Lewis Jones taw Pontllyn-fraith oedd yr enw ar y pentref hwn mewn dogfennau o'r bymthegfed i'r ddeunawfed ganrif, ac nad 'llan' eglwysig sydd yma.

O gylchfan ar yr heol sy'n cysylltu Pontllan-fraith â Chrymlyn, mae heol gul yn dringo i gyfeiriad Mynyddislwyn. Mae safle mwnt a beili Twyn Tudur ychydig i'r de o Eglwys Sant Tudur, ac yng nghangell yr eglwys mae ffenestr liw o waith John Petts ac un o gadeiriau Islwyn. Mae golygfeydd arbennig i'w cael o gyffiniau'r eglwys hon.

Melin o'r ail ganrif ar bymtheg yw'r gyrchfan ddiddorol yng Ngelli-groes. Mae'n agored i'r cyhoedd rhwng 11:00 a 5:00 bob dydd o fis Ebrill i fis Hydref, a thrwy drefniant yn ystod y gaeaf. Mae gweithdy canhwyllau drws nesaf, a gellir gweld crefftwyr wrth eu gwaith yno.

Ar un adeg, Aneurin Fardd oedd melinydd Gelli-groes ac yma y deuai Islwyn i ddysgu'r cynganeddion ganddo. Yn ddiweddarach, y teulu Moore fu'n felinwyr yma, a daeth crwtyn ifanc o'r teulu, Artie Moore, yn enwog yn 1912 am ei fod wedi derbyn neges radio olaf y *Titanic* cyn iddi suddo. Wrth roi tro o amgylch y felin, ceir cyfle i glywed am y cysylltiad hwn ac am yrfa Artie ym maes radio ac electroneg. Gellir gweld y melinydd wrth ei waith yma hefyd.

Ym mhentref Cwmfelin-fach roedd glofa Nine Mile Point; *'A one idea'd place is Cwmfelinfach, there is nothing but the one mine. There is nothing else to see in the valley but the Pioneer (Hotel) and the Miners' Hall'*. Dyna ddyfarniad Montagu Slater am y pentref pan gynhaliwyd streic danddaearol gan 78 o lowyr yn 1935. Asgwrn y gynnen oedd yr undeb *scab* a oedd yn cael ei chydnabod gan y cyflogwyr ar draul aelodau'r 'Ffed'. Roedd hon yn un o'r streiciau tanddaearol cynharaf yng Nghymru, yn dilyn esiampl mil o lowyr yn Hwngari yn 1934. Caewyd y lofa yn 1965.

Yng Nghwmfelin-fach mae capel bychan y Babell, lle claddwyd Islwyn a fu'n pregethu dipyn yno gerllaw ei bentref genedigol, Ynys-ddu. Nid yw'r capel yn agored i'r cyhoedd y dyddiau yma.

Un o arwyr cyfoes y pentref yw'r chwaraewr snwcer ifanc, Darren Morgan, sydd wedi gwneud argraff yn gynnar yn ei yrfa broffesiynol. Gyda Mark Williams a Lee Walker, ill dau hefyd o Went, mae'r traddodiad a ddechreuwyd gan Ray Reardon o

Dredegar a Doug Mountjoy o Abertyswg yn parhau yn y gornel hon o Gymru.

Oddi ar gylchfan ymhellach i lawr y cwm, mae'r heol sy'n arwain i Barc Gwledig Sirhywi (01495 270991). Yma, mae llwybrau beicio a llwybrau cerdded mewn ardal goediog, ac ar lan yr afon mae maes chwarae bychan i blant. Mae tocynnau dydd i'w cael ar gyfer pysgota yn afon Sirhywi. Mae Gwaun Gelli Wastad yn ardal tir gwlyb sy'n cael ei gwarchod ar lan yr afon.

Wrth fynd ar droed drwy'r parc, neu mewn car heibio i Gapel y Babell, mae'n bosibl cyrraedd canolfan Ynys Hywel (01495 200113). Yma, datblygwyd hen dŷ hir i fod yn ganolfan breswyl sydd hefyd yn gwerthu bwyd yn ystod y dydd. Ar y llechwedd uwchben Ynys Hywel mae ysgubor, a gellir cysgu yno dros nos.

Dyffryn Ebwy

Wedi i'r Ebwy Fach a'r Ebwy Fawr uno ger Aber-big, llifa'r afon heibio i bentrefi Crymlyn a Threcelyn *(Newbridge)* ar ei ffordd tua Chasnewydd.

Cyn dyddiau Beeching, roedd Crymlyn yn enwog am y bont reilffordd dros 1500 troedfedd o hyd a gariai'r trenau 200 troedfedd uwchlaw llawr y cwm. Diflannodd y bont, ond mae adeiladau glofa'r Navigation yn sefyll o hyd ychydig i'r gogledd o'r pentref.

Ffatri electroneg *Aiwa* yw'r prif gyflogwr yn Nhrecelyn (*Newbridge*) erbyn heddiw, ond bu cyfnod pan oedd glofa Celynnen yn cyflogi tua 2000 o lowyr, ac yn codi deng mil tunnell o lo bob wythnos. Bu'r lofa yno o 1873 hyd y 1980au.

Y pentrefi nesaf tua'r de yw Abercarn a Chwm-carn. Rhwng y Pasg a mis Hydref, o 10:00 tan 7:00 bob dydd, mae Llwybr Gyrru Coedwig Cwm-carn yn agored. Codir tâl o £2 y car am gael gyrru ar yr heol saith milltir o hyd trwy'r goedwig. Mae'r safle yng ngofal y Comisiwn Coedwigaeth ac mae safle gwersylla a chanolfan ymwelwyr (01495 272001) ar waelod y llwybr yn agos i lyn Cwm-carn a safle'r lofa a fu'n cynhyrchu glo o 1912 hyd 1968.

Mae nifer o fannau addas i oedi a chrwydro yn ystod y daith, megis safleoedd picnic a barbeciw, llwybrau cerdded drwy'r coed neu uwchben Nant Carn, a pharc antur bychan. O'r ddwy arhosfan olaf ar y daith, ceir golygfeydd arbennig tua'r de dros fôr Hafren, a gellir cerdded o Begwn-y-Bwlch i gopa Twmbarlwm – safle bryngaer o Oes yr Haearn. Rhaid peidio oedi yn rhy hir ar y copa, mae clwydi'r llwybr gyrru yn cau am saith yr hwyr.

Ger Cross Keys, llifa afon Sirhywi i afon Ebwy. Mae cangen o gamlas Mynwy yma hefyd ac mae cyfle i bysgota ynddi. Ger y fynedfa i'r cae rygbi ym Mharc y Pandy mae brithwaith anferth yn darlunio'r dreftadaeth ddiwydiannol.

Y dref nesaf i lawr y cwm yw Rhisga. O gyffiniau'r ysgol gyfun a'r ganolfan hamdden, mae heol gul yn dringo uwchben cronfa ddŵr Pant-yr-eos i gyfeiriad Twmbarlwm. Dyma'r heol sydd rhaid ei dilyn os ydych am fynd â

Gwent

Parc Gwledig Sirhywi

Canolfan Breswyl Ynys Hywel

char i gyffiniau'r copa hwn pan fydd Llwybr Gyrru Coedwig Cwm-carn ar gau.

Bryngaer Twmbarlwm

Torfaen: Dilyn Afon Lwyd

Dyffryn amrywiol, deuddeng milltir o hyd rhwng Blaenafon a Chwmbrân yw bwrdeistref Torfaen sy'n cynnwys poblogaeth o tua 91,000 yn ei 28 milltir sgwâr.

Tardd afon Lwyd yn y bryniau uwch hen dref ddiwydiannol Blaenafon a daw afon Sychan i ymuno â hi yn Abersychan. Ar ei thaith trwy Gwmbrân, mae'n gwahanu Croesyceiliog a Llanyrafon ar ei glannau dwyreiniol oddi wrth Bontnewydd, Northville, Southville a Llantarnam ar ei glannau gorllewinol. Daw i ben ei thaith wrth ymuno ag afon Wysg yng Nghaerllion.

Blaenafon

Trwy ymweld â gwaith haearn Blaenafon, gellir deall sut y datblygodd tref sylweddol mewn lleoliad mor arw dros fil o droedfeddi uwchlaw'r môr.

Saeson o'r enw Hill, Pratt a Hopkins oedd arloeswyr y gwaith ym Mlaenafon. Adeiladwyd tair ffwrnais yma yn 1788-89 ac o fewn degawd roedd y gwaith haearn yn cyflogi 350 o weithwyr, yn ail o ran maint i waith Cyfarthfa. Yn y dyddiau cynnar, tramiau ceffyl a gariai'r glo, y garreg galch a'r mwyn haearn i'r ffwrneisi. Cyn adeiladu ffwrneisi golosg yn y gwaith, roedd angen llosgi'r glo ar y mynydd a gellir dychmygu rhamant ac erchylltra'r olygfa o'r fflamau a'r mwg uwchben y dref.

Roedd angen cludo'r haearn bwrw *(pig iron)* a gynhyrchid yn y gwaith i'r efail ddiwydiannol a leolwyd yn gyntaf yng Nghwmafon ymhellach i lawr y cwm, yna yng Ngarndyrys ar fynydd y Blorens, ac yn olaf yn Forgeside, sydd gyferbyn â Blaenafon ar ochr arall y cwm. Hyd nes i'r rheilffordd gyrraedd Blaenafon yn 1854, bu'n rhaid cario'r haearn o'r gefeiliau ar dramffyrdd. Yr enwocaf o'r rhain oedd tramffordd Hill a gysylltai Garndyrys â chamlas y Fenni ac Aberhonddu yn Llanffwyst.

Erbyn y 1860au, roedd ffwrneisi newydd wedi eu hagor ger yr efail yn Forgeside ac erbyn 1881 roedd y gwaith dur yno yn defnyddio'r broses a ddatblygwyd gan Sidney Gilchrist Thomas. Mae cofeb ym maes parcio'r gwaith haearn i'r arloeswr ifanc hwn a ddatblygodd ddull o gael gwared â'r ffosfforws o haearn tawdd – cam allweddol yn natblygiad gweithfeydd dur.

Ar wahân i ymweld â safle'r ffwrneisi cynnar a chael cyfle i wisgo hetiau caled, gall ymwelwyr gerdded trwy fythynnod y gweithwyr yn Stack Square.

Caeodd yr hen waith haearn yn 1904 ac erbyn hynny roedd haearn crai lleol yn brin. Felly, ar wahân i ambell gyfnod yn ystod y ddau ryfel byd, ychydig iawn o weithgarwch fu yng ngwaith dur Forgeside yn y ganrif hon.

Bu farw'r olaf o feistri haearn Blaenafon, Robert Kennard, yn 1929. Bryd hynny, roedd dros 40% o ddynion Blaenafon yn ddi-waith ac addas oedd arwyddair y teulu Kennard – '*at spes non fracta*' (eto ni chwalwyd

Cyfres Broydd Cymru

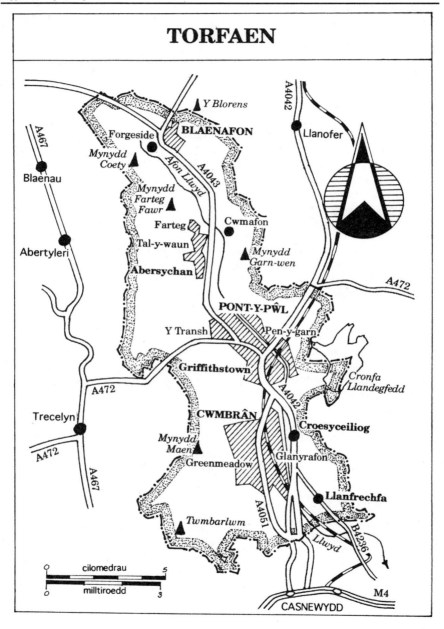

gobaith).

Ar safle'r hen waith haearn, sydd bellach yng ngofal Cadw, gellir ymuno'n hwylus â'r llwybr treftadaeth trwy ganol tref Blaenafon. Mae'r nodweddion amlycaf yn cynnwys y Tŷ Mawr a fu'n gartref i un o'r meistri haearn ar ddechrau'r ganrif ddiwethaf ac Ysgol Sant Pedr (1816). Hon oedd yr ysgol gyntaf yng Nghymru i gael ei hadeiladu gan ddiwydianwyr ar gyfer plant y gweithwyr.

Yr hyn sy'n arbennig am Eglwys Sant Pedr (1805) yw fod y pileri, fframiau'r ffenestri, y cerrig beddau a'r bedyddfaen wedi eu gwneud o haearn, ac mae adeilad sylweddol Neuadd a Sefydliad y Gweithwyr yn un o'r enghreifftiau gorau o'i fath yn ne Cymru. Adferwyd yr adeilad i gynnwys neuadd â 400 sedd, sinema fechan, bordydd snwcer a chyfleusterau cyfarfod.

Erbyn 1850, roedd y galw am lo wedi cynyddu gymaint nes ei bod yn talu'n well i ddiwydianwyr werthu glo ar gyfer peiriannau stêm yn hytrach na llosgi glo i gynhyrchu haearn. Gyda suddo'r Pwll Mawr (*Big Pit* – 01495 790311) yn 1860, dechreuodd cyfnod ble'r oedd llewyrch Blaenafon wedi ei seilio ar y pyllau glo.

Caeodd y Pwll Mawr yn 1980, ond heddiw gall ymwelwyr (ac eithrio plant dan bump oed) ddisgyn mewn cawell trwy siafft 90 medr ac yna gael eu tywys ar hyd rhai o'r cloddfeydd tanddaearol. Mae angen dillad cynnes ac esgidiau addas ar gyfer yr ymweliad. Ar wyneb y pwll mae baddonau, sied y peiriant weindio a

gefail y gof i'w gweld, yn ogystal ag arddangosfeydd a chrefftau.

O fewn tafliad carreg i'r Pwll Mawr mae trên stem Pont-y-pŵl a Blaenafon yn rhedeg ar y Suliau a'r gwyliau banc rhwng y Pasg a diwedd mis Awst. Ceir taith tua milltir o hyd i'r gogledd rhwng Furnace Sidings a Garn-yr-erw, ble adferwyd y platffform a Thafarn y Chwiban sy'n cynnwys casgliad o lampau glowyr a chreiriau eraill (01495 772200).

Y Blorens

O gyffiniau Blaenafon y gellir cyrraedd copa'r Blorens (1833) hwylusaf. Mae'r heol sy'n dringo heibio i'r hen waith haearn i gyfeiriad y Fenni yn dod â ni yn fuan iawn i olwg mast radio. Wrth droi i'r dde tuag at y mast, cyrhaeddir llecyn poblogaidd maes parcio Foxhunter. Ynghanol y creigiau ym mhen pellaf y maes parcio mae cofeb i geffyl enwog Lt Col Syr Harry Llewellyn. Mewn gyrfa ddisglair, enillodd Foxhunter (1940-1959) tua 80 o gystadlaethau neidio rhyngwladol. Bu'n aelod o dîm neidio ceffylau Prydain 35 o weithiau, gan ennill medal efydd gêmau Olympaidd 1948 yn Llundain a medal aur Helsinki yn 1952.

Hefyd, ar gyrion y maes parcio, mae sedd bren er cof am Fred Hando (1888-1970), awdur nifer o gyfrolau ac erthyglau yn adrodd hanesion ardaloedd yng Ngwent. Ailgyhoeddwyd peth o'i waith yn y blynyddoedd diweddar dan olygyddiaeth Chris Barber.

Taith fer, gymharol wastad, sydd o'r

maes parcio i gopa'r Blorens. Ceir golygfeydd ardderchog i bob cyfeiriad – Bannau Brycheiniog i'r gorllewin, gwastatir sir Fynwy i'r dwyrain a dyffrynnoedd Powys a'r Mynyddoedd Duon i'r gogledd. Wrth fynd ymlaen heibio i'r copa i ymyl y llethr gogledd-ddwyreiniol, gwelir y Fenni a dyffryn Wysg islaw. Copa'r Blorens, o faes parcio Foxhunter, yw'r hawsaf o gopaon uchaf Gwent i'w gyrraedd.

Cwmafon a'r Farteg

Culhau wna dyffryn afon Lwyd wrth deithio i'r de o Flaenafon. Gellir cadw at y briffordd (A4043) neu ddewis heol y Farteg (B4246) sy'n dilyn godre mynydd y Farteg Fach ar ochr orllewinol yr afon.

Oddi yma y gellir sylwi orau ar Forge Row, Cwmafon: rhes o ddeuddeg o dai gwynion a adeiladwyd yn 1804 ar gyfer gweithwyr gefail ddiwydiannol Cwmafon, sydd wedi hen ddiflannu erbyn hyn. Cartrefi preifat yw'r bythynnod heddiw ac nid ydynt yn agored i'r cyhoedd.

O bentref y Farteg, gellir cerdded dros weundir y Farteg Fach a'r Farteg Fawr nes cyrraedd mynydd Coety, sy'n gwahanu Forgeside a Chwmtyleri yng nghwm Ebwy.

Dewis arall ym Mlaenafon yw dilyn yr heol fynydd i gyfeiriad Llanofer. Cyrhaeddir safle picnic poblogaidd Capel Newydd ger y mast radio; dim ond croes haearn sy'n weddill o'r capel anghydffurfiol a godwyd yma gan ddwy fenyw gefnog o Flaenafon tua 1750. Hwn yw man cychwyn llwybr treftadaeth Cwmafon.

Tal-y-waun ac Abersychan

Ar lannau dwyreiniol afon Lwyd, gyferbyn ag Abersychan, mae Coed Lasgarn ble ceir nifer o lwybrau, gan gynnwys un sy'n arwain heibio i'r gronfa ddŵr yng Nghwm Lasgarn cyn dringo i fynydd Garn-wen. O'r fan honno, ceir golygfeydd eang i'r gogledd, i'r de ac i'r gorllewin.

Wrth ddringo trwy strydoedd Abersychan ar ochr orllewinol y cwm, ceir golwg ar amryw o'r terasau diwydiannol serth sy'n nodweddiadol o'r ardal, ac yn eu plith y capeli a'r institiwt yn gewri. Uwchben y tai, cyrhaeddir safle gwaith y *British*, ble gwelir adfail y peiriandy tri llawr a adeiladwyd mewn arddull Gernywaidd.

Pont-y-pŵl

Yn ystod y 1970au, efallai mai am ei rheng flaen gadarn – Price, Windsor a Faulkner – yr oedd tref Pont-y-pŵl fwyaf adnabyddus. Dyma'r triawd a gynrychiolodd eu gwlad bedair ar bymtheg o weithiau ar y cae rygbi yn ystod blynyddoedd llwyddiannus 1975-79.

Gwaith haearn a gychwynnwyd gan y teulu Hanbury yn yr unfed ganrif ar bymtheg a osododd y sylfaen ar gyfer datblygiadau diwydiannol y dref. Yn sgîl hyn y bu i'r bardd Richard Hall ganu *'Pontypool! thou dirtiest of dirty places'*, ond serch hynny, *'thou dost show to us some wondrous phases'*.

Ar ddiwrnod braf, mae parc Pont-y-pŵl yn fan ardderchog i gychwyn ein hymweliad â'r dref. Mae yma barc antur i blant yn plethu themâu rygbi a diwydiant, canolfan hamdden gyda

Gwent

Gwaith Haearn Blaenafon

phyllau nofio a llithrennau dŵr amrywiol, a llethr sgïo.

Aiff llwybr treftadaeth Pont-y-pŵl trwy'r parc hefyd. Er mwyn dilyn y llwybr ar ei hyd, dylid cychwyn ger bwthyn y gyffordd (*Junction Cottage*) yn ardal Pontymoel ar gyrion deheuol y dref. Hwn oedd cartref y casglwr tollau a cheidwad y loc ar gamlas Mynwy ac Aberhonddu. Wrth gerdded yn ôl tua'r dref, cawn fynediad i'r parc trwy glwydi haearn a roddwyd yn rhodd i un o'r teulu Hanbury.

Wedi cerdded heibio i'r cae rygbi – lle mae torfeydd llawer llai y dyddiau hyn oherwydd diffyg llewyrch yn chwarae Pont-y-pŵl wrth iddynt lithro i'r ail adran – cyrhaeddir *Pontypool Park House* a fu'n gartref i'r teulu Hanbury hyd 1914. Yn ddiweddarach, bu'n ysgol i leianod ac yna'n ysgol Gatholig.

Wrth adael y parc, mae Amgueddfa Treftadaeth y Cwm (*Valley Inheritance Museum*) wedi ei leoli yn hen stablau'r teulu Hanbury ar y chwith. Darlunnir amrywiol agweddau ar hanes yr ardal, ac arddangosir cynnyrch *Japan Ware* o'r gweithiau. Egwyddor y broses o 'japanio' oedd gosod haenen denau o dun ar ddalen denau o haearn er mwyn ei hatal rhag rhydu. Bu Edward Lhuyd yn dyst i'r dechneg o gynhyrchu haearn tenau ym Mhont-y-pŵl yn 1697:

> One Major Hanbury of Pont y Pool shew'd us an excellent Invention of his own, for driving hot Iron (by the help of a Rolling Engin mov'd by Water) into as thin plates as Tin.

O ran crefft a chynllun y nwyddau gorffenedig, Thomas ac Edward Allgood fu'n flaenllaw yn cynhyrchu'r offer addurnedig. Yn ôl ymwelydd a aeth yno ganol y ddeunawfed ganrif, gwnaed '*black plates, bread baskets, tea trays, butter dishes, Powder boxes and all sorts of Tin articles*'.

Atyniad poblogaidd ymhlith ymwelwyr ifainc â'r amgueddfa yw'r atgynhyrchiad o fad rhif 451 a arferai weithio'n fasnachol ar y gamlas leol hyd 1942. Gwelir hefyd fodelau o olwyn ddŵr a megin ddiwydiannol, arddangosiad sy'n egluro daeareg Torfaen, a chelfi a darluniau a ddaeth o Dŷ Glan-torfaen a fu'n ddiweddarach yn swyddfa drefol.

Hefyd yn yr amgueddfa, mae hen injan dân o Flaenafon, tram glo ac ymgais i ail-greu siop y teiliwr ac aelwyd y gweithiwr.

Trefnir rhaglen o weithgareddau a pherfformiadau awyr agored yn y ganolfan dreftadaeth dros fisoedd yr haf, dan faner *Courtyard Arts*.

O'r ganolfan, dychwelir i'r dref trwy groesi'r bont dros afon Lwyd. Fe adeiladwyd y bont yn 1924, ond mae sôn am Bont Poell yma mor gynnar ag 1490. Ymhlith yr adeiladau o ddiddordeb yn y Stryd Fawr, mae'r hen farchnad geirch a marchnad Pont-y-pŵl, sydd wedi dathlu ei chanmlwyddiant gyda rhai teuluoedd wedi bod yn fasnachwyr ynddi am dair cenhedlaeth. Ymhellach ymlaen, ac yn agos i'w gilydd, mae Tŷ Glan-torfaen, Neuadd y Dref ac Eglwys Sant Ioan a adeiladwyd yn 1821 ar gyfer cynulleidfa Saesneg ei hiaith na allai

Gwent

ddilyn y gwasanaethau Cymraeg yn eglwys Trefethin. Y drws nesaf i'r llyfrgell, mae clwydi coffa a orchuddir â thorchau o flodau yn dilyn pob gwasanaeth cadoediad. Mae'r clwydi yn arwain yn ôl i'r parc, heibio i erddi Eidalaidd a luniwyd tua chanol y ganrif ddiwethaf i ddathlu priodas Capel Hanbury Leigh â'i ail wraig, Emma Rous.

Ar wahân i'r llwybr treftadaeth, mae dwy daith ddifyr arall yn cychwyn o glwydi deheuol parc Pont-y-pŵl. Dringa'r gyntaf heibio i ymyl ddeheuol y parc i gyfeiriad y *Folly* sydd ar y grib uchel sy'n gwahanu dyffryn Wysg oddi wrth y maes glo. Gellir gweld y tŵr hwn yn eglur o'r A4042 wrth deithio tuag at y Fenni. Dychwelir heibio i Drefddyn (Trefethin), lleoliad Ysgol Gyfun Gwynllyw, a thros Ben-y-garn lle bu Coleg y Bedyddwyr rhwng 1836 ac 1893. Wrth ddychwelyd i'r parc, mae cerrig Gorsedd 1924 ar yr ochr chwith.

Amrywiad ar y daith hon yw cerdded hyd lan y gamlas o *Junction Cottage* i gyfeiriad y *Folly*.

Pant-teg a'r Transh
Cymunedau ar gyrion de-orllewinol Pont-y-pŵl yw Pant-teg a'r Transh. O dafarn yr *Open Hearth* ym Mhant-teg, mae'n bosibl dilyn camlas Mynwy i ddau gyfeiriad. Wrth gerdded i'r de, cyrhaeddir yn fuan at dafarn arall – y *Crown*, a ddifrodwyd yn sylweddol yn nherfysg 1868 wedi i'r rhyddfrydwr lleol, Cyrnol Henry Clifford, fethu cael ei ethol i'r Senedd.

Cymeriad mwyaf y Transh oedd Edmund Jones (1702-1793), 'Yr Hen

Broffwyd'. Wedi iddo gael ei siomi am na chafodd ei ddewis yn weinidog ym Mlaenau Gwent, sefydlodd eglwys annibynnol yn y Transh a gwerthu ei lyfrau i godi arian ar gyfer y fenter. Er ei fod yn efengylwr selog, roedd hefyd yn ŵr ofergoelus ac fe gyhoeddodd ddwy gyfrol ddiddorol: *Historical Account of the Parish of Aberystruth* ac *A Relation of Apparitions in Wales*. I'r gorllewin o'r Transh, mae ardal braf i gerdded ynddi rhwng Fferm Tŷ Shon Jacob a Phen Transh, a thafarn y *Mountain View* ar yr heol rhwng Pont-y-pŵl a Chrymlyn.

Cwmbrân
Ffrwyth Deddf y Trefi Newydd (1946) yw'r Cwmbrân presennol, a hawdd yw anghofio dylanwad cynnar y mynaich Sistersiaidd a sefydlodd abaty Llantarnam yn y ddeuddegfed ganrif, a'r chwyldro diwydiannol a ddaeth yn sgîl y gamlas i Gasnewydd a agorwyd yn 1796.

Cyrchfan boblogaidd ymhlith y plant yw fferm Greenmeadow sydd ar gyrion gorllewinol y dref, ac sy'n hawdd i'w chyrraedd wrth ddilyn yr arwyddion *Community Farm*. Mae'n gyfle ardderchog i blant y trefi brofi diwrnod gwaith y fferm a gorffen eu hymweliad trwy weld godro'r da a bwydo'r moch gwichlyd. Mae amrywiaeth da o anifeiliaid i'w gweld yno, a gellir teithio mewn trelar, eistedd ar dractor, chwarae yn y parc antur neu hyd yn oed ymdrochi yn y pwll sydd wrth draed y ddraig sy'n chwistrellu dŵr. Mae yno fyrddau picnic a bwyty bychan hefyd (01633 862202).

Ynghanol Cwmbrân (Heol Dewi

Sant), lleolir Canolfan Gelf Gelli-las *(Llantarnam Grange)* mewn mynachdy Sistersiaidd o 1179 a adnewyddwyd yn y bedwaredd ganrif ar bymtheg. Mae gan y dair oriel raglen amrywiol o arddangosfeydd darluniau, tecstiliau, crochenwaith a cherfluniau. Darperir cyrsiau ac ysgolion undydd i gyflwyno sgiliau celf ac mae siop grefftau a bar coffi cyfleus yno hefyd (01633 483321).

Hen adeilad arall sydd wedi ei arbed yw fferm Glanyrafon (neu Llanyrafon heddiw), sydd o fewn milltir i ganol y dref (ST 304947). Bu ystad o fil o erwau yma ar un adeg, yn eiddo i'r teulu Griffiths o 1600 hyd 1900. Gwerthwyd y cyfan i'r Gorfforaeth Ddatblygu yn y 1950au ac fe adeiladwyd tai, ffatrïoedd a chwrs golff byr yno. Ers 1980, bu'r ffermdy ac ychydig o dir o'i amgylch yn eiddo i Amgueddfa Torfaen ac ers gwario £250,000 i sadio'r muriau ac adfer y to, mae bellach yn agored i'r cyhoedd ar benwythnosau o fis Ebrill i fis Medi.

Mae rhannau hynaf y tŷ yn perthyn i'r ail ganrif ar bymtheg, ac un nodwedd ddiddorol yw'r palis derw sy'n rhannu un ystafell yn ddwy.

Mae amrywiaeth o offer a pheiriannau fferm i'w gweld ar y safle hefyd.

Ychydig i'r de o fferm a chwrs golff Llanyrafon, mae parc hamdden sy'n cynnwys llyn pysgota, badau padlo i blant, maes chwarae a llwybrau cerdded ar lan afon Lwyd.

Mae canolfan siopa sylweddol ynghanol Cwmbrân hefyd, gydag amryw o feysydd parcio cyfleus, a Theatr y Congress sy'n cynnig rhaglen amrywiol o gyflwyniadau.

Llandegfedd

I'r dwyrain o Gwmbrân ar gyrion ardal Torfaen mae cronfa ddŵr Llandegfedd. Cronnwyd y llyn yn 1963 ac mae ei arwynebedd (dros 400 erw) yn darparu dŵr i Gasnewydd. Dan reolaeth Dŵr Cymru, cynigir mynediad i hwylwyr a physgotwyr ac mae'r llyn yn gyrchfan i amryw fathau o adar yn y gaeaf. Ymhlith yr ymwelwyr mwyaf niferus fe welir y gorhwyaden, y chwiwell, yr hwyaden bengoch a'r hwyaden gopog. Llai cyffredin yw'r hwyaden ddanheddog, yr hwyaden lygad aur a'r gwyach fawr gopog. Ymhlith yr adar sy'n cartrefu'n barhaol yn Llandegfedd mae'r hwyaden wyllt, yr alarch dof, y cwtiar a sawl math o grëyr.

Ceir dewis helaeth o deithiau cerdded hefyd, gan gynnwys Llangybi, Pant-teg a Choed-y-paun. Mae safle picnic Nant Sôr *(Sôr Brook)* sy'n is i lawr yn y dyffryn i'r de o'r gronfa ddŵr yn fan cychwyn hwylus ar gyfer nifer o'r teithiau hyn.

Gwent

Fferm Glanyrafon, Cwmbrân

Cronfa Llandegfedd

Cyfres Broydd Cymru

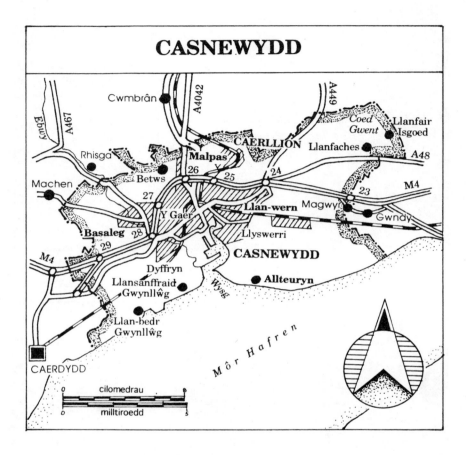

Casnewydd a Chaerllion

Mae bwrdeistref sirol Casnewydd, gyda'i phoblogaeth o 138,000, yn cynnwys tref Caerllion â'i threftadaeth Rufeinig, pentrefi gwledig megis Llanfair Isgoed yn y dwyrain, yn ogystal ag ardal arfordirol o boptu aber afon Wysg.

Yn ddiweddar, llwyddodd yr ardal i ddenu cwmnïau *LG Electronics* ac *LG Semiconductors* o Korea i sefydlu gweithfeydd ar gyrion gorllewinol tref Casnewydd – y buddsoddiadau tramor mwyaf erioed a wnaed yn Ewrop.

Er bod yr olion Rhufeinig a'r amgueddfa yng Nghaerllion yn eithaf adnabyddus, llai cyfarwydd efallai yw'r amryw gyrchfannau diddorol sydd yng Nghasnewydd ei hun. Gyda chanolfan siopa sydd wedi datblygu'n sylweddol yn ddiweddar, mae'r dref yn prysur gael gwared â'i hen ddelwedd fel canolfan borthladd ddiflas.

Byddai llawer yn cytuno â geiriau y bardd W.H.Davies a fagwyd yng Nghasnewydd; ysgrifennodd yn 1918:

The town of Newport is, taking it on the whole, very beautiful, owing to a great part of it being built on the sides of hills. Parts of the town are wretched, but no worse than can be expected from a large seaport.

Llwybrau Treftadaeth Casnewydd

Mae taflenni ar gael sy'n rhoi manylion am bedair o deithiau cerdded byrion trwy brif strydoedd Casnewydd, gan nodi hanes rhai o'r adeiladau sydd ar y cyfan yn perthyn i ddiwedd y bedwaredd ganrif ar bymtheg. Sylwir hefyd ar nifer o gerfluniau modern, megis y 'Don Ddur' gan Peter Fink ar lan yr afon, 'Y Siartwyr' (Undeb, Doethineb, Egni) gan Christopher Kelly o flaen Gwesty Westgate, a *'Stand and Stare'* gan Paul Bothwell-Kincaid yn Commercial Street, sy'n coffáu W.H.Davies gan fenthyg teitl o gwpled enwocaf y bardd: *'What is this life if, full of care, we have no time to stand and stare'.*

Mae'n werth cyrraedd Sgwâr John Frost ar yr awr, mewn pryd i weld ac i glywed y cloc *'In the Nick of Time'* yn taro. Comisiynwyd Andy Plant gan Gyngor Casnewydd i lunio hwn ar gyfer yr Ŵyl Erddi yng Nglynebwy yn 1992.

Mae hefyd yn bosibl cerdded strydoedd Casnewydd gan ddilyn ôl traed gorymdaith y Siartwyr a gynhaliwyd fis Tachwedd, 1839. Daeth eu taith i ben ger Gwesty Westgate ac oddi yno taniwyd atynt gan filwyr. Lladdwyd ugain o'r gwrthdystwyr yn y fan a'r lle. Er i'r gwesty gael ei ail-adeiladu yn 1886, mae'r pileri haearn y tu mewn i'r cyntedd yn perthyn i'r adeilad gwreiddiol, a dywedir bod y tyllau ynddynt wedi eu creu gan fwledi'r Siartwyr.

Yn Thomas Street ar gyrion yr orsaf drenau, mae cofeb ar wal yr hen swyddfa bost yn nodi fod John Frost, arweinydd y Siartwyr, wedi ei eni yn nhafarn y *Royal Oak* a safai gynt yn y stryd honno. Mewn twnnel sy'n cysylltu Lower Dock Street â Sgwâr John Frost, gwelir murlun trawiadol sy'n dehongli brwydr Gwesty Westgate a dangosir baneri yn hybu chwe nod y Siarter.

Amgueddfa ac Oriel Casnewydd

Yn Sgwâr John Frost ynghanol y dref lleolir amgueddfa ac oriel Casnewydd. Mae'n rhannu adeilad â llyfrgell y dref ac mae mynediad yn rhad ac am ddim.

Mae yma gasgliad sylweddol o henebion archeolegol yr ardal, gan gynnwys casgliad sylweddol o greiriau o dref Rufeinig *Venta Silurum* (Caerwent), ac yn eu plith gwelir brithwaith teils y 'pedwar tymor'. Ceir hanes gwrthdystiad y Siartwyr yn 1839, yn rhannol trwy leisiau sy'n adrodd hanes y cyrch ar Gasnewydd ar y pedwerydd o Dachwedd. Rhoddir sylw amlwg i hanes a datblygiad y porthladd hefyd.

Neilltuwyd cilfachau ar brif lawr yr amgueddfa ar gyfer hen efail, tafarn, cegin, ystafell ddosbarth a meddygfa o'r cyfnod.

Ar lawr arall, ceir casgliad o grochenwaith a llestri ac oriel ddarluniau sy'n cynnwys golygfeydd lleol gan Falcon Hildred. Mae yno arddangosfeydd sy'n dehongli daeareg a byd natur hefyd, a chyfle i lunio rhwbiadau pres (01633 840064).

Murluniau'r Ganolfan Ddinesig

I'r gorllewin o'r orsaf drenau, adeiladau amlwg gyda thŵr cloc uchel yn eu canol yw canolfan ddinesig Casnewydd. Adeiladwyd y prif adeiladau rhwng 1938 ac 1964, ond ychwanegwyd llysoedd barn atynt yn fwy diweddar.

Nodwedd drawiadol o amgylch y grisiau yn y neuadd ganol yw'r murluniau a baentiwyd gan Hans Feibusch a'i gynorthwydd Phyllis Bray rhwng 1961 ac 1964. Dihangodd Feibusch rhag y Natsïaid yn 1933 ac ymgartrefu yn Llundain gan arbenigo mewn paentio murluniau.

Mae'r stori a gyfleir gan y darluniau yn cychwyn gyda phentref Celtaidd, yna'r sefydliad Rhufeinig yng Nghaerllion, dyfodiad Cristnogaeth ac adeiladu abaty Tyndyrn. O gyfnod diweddarach, darlunnir Owain Glyndŵr yn llosgi castell Casnewydd, brwydr Agincourt a diwedd gwarchae castell Rhaglan yn ystod y Rhyfel Cartref.

Cynrychiolir y cyfnodau diwydiannol gan olygfeydd o derfysg y Siartwyr, ffwrneisi'r gwaith dur, dyfodiad Americanwyr i'r dociau yn ystod yr Ail Ryfel Byd ac adeiladu pont George Street.

Eglwys Gadeiriol Gwynllyw

O Sgwâr Westgate ynghanol y dref rhaid dringo Stow Hill er mwyn cyrraedd Eglwys Gwynllyw. Eglwys blwyf oedd hi hyd 1930 pan roddwyd iddi statws eglwys gadeiriol wedi i esgobaeth Mynwy ymryddhau oddi wrth Landaf.

Un o dywysogion chwedlonol Gwent oedd Gwynllyw Filwr, ac yn ôl traddodiad bu iddo ef a'i wraig Gwladys sefydlu cell ddefosiynol ar y safle hwn yng Nghasnewydd, dan ddylanwad eu mab Cadog. Roedd Cadog wedi ei addysgu yng nghymuned Tathan yng Nghaer-went, a daeth yn hyfforddwr Cristnogol o bwys yn ei ddydd, i'w gymharu ag Illtud. Ceir eglwysi wedi eu cysegru i Gadog yng Nghaerllion, Rhaglan a Threfynwy, heb sôn am dri Llangadog yng Ngwent.

Mae'r eglwys ar ryw fath o ynys

gyda heol o'i chwmpas, ac nid yw'n drawiadol o'r tu allan, ond mae iddi nifer o nodweddion diddorol, yn enwedig y bwa Normanaidd sy'n arwain at gorff yr eglwys.

Llosgwyd yr eglwys gan Owain Glyndŵr yn 1402 ac roedd Jasper Tudur, ewythr Harri'r Seithfed, ymhlith y noddwyr ar gyfer ymestyn a lledaenu'r adeilad wrth ei ailgodi. Gwnaed addasiadau sylweddol yn y cyfnod Fictorianaidd hefyd.

Yn 1839, cafodd deg o'r Siartwyr a laddwyd ym mrwydr Westgate eu claddu liw nos mewn beddau di-nod ar ochr ogleddol yr eglwys. Erbyn heddiw, fe'u coffeir ar gofeb fechan sydd wedi ei gosod ar y bancyn ger y *lych-gate.*

Castell Casnewydd

Ychydig iawn o'r castell gwreiddiol sydd ar ôl erbyn hyn, ac mae hynny sydd i'w weld wedi ei wasgu rhwng priffordd a phont reilffordd. Ceir yr olwg orau arno o'r bont sy'n croesi afon Wysg; mae'r safle yng ngofal Cadw ond nid oes mynediad i'r cyhoedd.

Adeiladwyd y castell rhwng 1327 ac 1386 i ddisodli castell mwnt a beili a safai ar ben Stow Hill. Prif bwrpas y castell dros y ddwy ganrif pan y'i defnyddiwyd oedd fel pencadlys arglwyddiaeth Gwynllwg. Mae ansawdd yr addurniadau sydd i'w gweld yn yr adfail yn awgrymu'r pwyslais a roddwyd ar foethusrwydd a phethau soffistigedig yr oes.

Canolfan Hamdden
(*Newport Centre*)
Lleolir y ganolfan hamdden yn y Kingsway, sy'n gyfleus at ganol y dref. Mae pwll nofio sylweddol gyda llithrennau dŵr cyffrous a chyfleusterau ar gyfer gweithgareddau a chwaraeon dan do o bob math yno. Cynhelir rhaglen o ddigwyddiadau yn y neuadd hefyd (01633 662662).

Y Bont Trawsgludo
(*Transporter Bridge*)
Dyma'r symbol o'r dref a ddefnyddir ar amryw o fathodynnau, gan gynnwys un yr ysgol gynradd Gymraeg. Er mwyn cyrraedd y bont, dilynwch y ffordd tuag at y dociau o ganol y dref, gan fynd dan bont ddiweddarach George Street. Cyn i honno gael ei chodi, roedd y *Transporter* yn groesfan brysur.

Mae'r bont yn enghraifft gynnar o ymgais i geisio gwella amodau lleol er mwyn denu diwydiant. Roedd *John Lysaghts Ltd*, Wolverhampton, yn bwriadu sefydlu melin rowlio dur yn ne Cymru ac yn ystyried safleoedd yn y Barri a Chasnewydd. Ceisiodd corfforaeth Casnewydd ganiatâd seneddol i ddarparu *'better communication for foot passengers and possibly vehicular traffic between the two banks of the river'.* Bu hynny o gymorth i hybu gwaith dur Lysaghts – yr *Orb Works* ar lannau dwyreiniol afon Wysg, a gyflogai 3000 yn ei anterth. Roedd yn bwysig cael cynllun nad oedd yn rhy ddrud ac na fyddai'n rhwystro llongau rhag cyrraedd canol y dref.

Fe'i cynlluniwyd gan y peiriannydd Ffrengig o Chateau-Neuf-sur-Loire – Arnodin – a'i hagor yn swyddogol yn 1906. Mae'r cerbyd y teithir ynddo yn crogi o blatfform sydd tua 180

Cyfres Broydd Cymru

troedfedd uwchben yr afon ac sy'n cael ei lusgo ar draws gan ddau beiriant trydan 35 marchnerth. Uchder y tyrau yw tua 250 troedfedd ac mae'r pellter rhyngddynt yn 645 troedfedd.

Hyd 1948, roedd rhaid talu toll o geiniog y person, dwy geiniog am anifail a thair ceiniog am geffyl a chart cyn croesi. Arferai llanciau lleol ddringo i lwybr uchaf y bont pan fyddai angen croesi afon Wysg er mwyn dychwelyd adref yn hwyr gyda'r nos a hwythau wedi colli'r cerbyd olaf.

Caewyd y bont yn 1985 am resymau diogelwch, ond fe'i hailagorwyd ddeng mlynedd yn ddiweddaraćh. Heddiw gellir ei chroesi rhwng 8:00 y bore a 6:00 yr hwyr (9:30 yn ystod misoedd yr haf). Nid yw'r bont yn agor tan 1:00 ar ddydd Sul. Codir tâl bychan am gludo car, ond caiff beicwyr a cherddwyr groesi yn rhad ac am ddim. Mae lle parcio bychan cyfleus ar y lan orllewinol.

Tŷ a Pharc Tredegar

Tŷ Tredegar a'r parc o'i amgylch yw'r atyniad unigol mwyaf sylweddol yng Nghasnewydd. Dyma safle'r Eisteddfod Genedlaethol yn 1988 a gellir ei gyrraedd yn hwylus o gyffordd 28 ar yr M4.

Arwyddocâd hanesyddol ystad Tredegar yw ei chysylltiad â theulu'r Morganiaid a fu'n ddylanwadol yng ngorllewin Gwent am ganrifoedd, hyd farw'r olaf yn y llinach yn y 1950au. Deillia statws y teulu o briodas Llywelyn ab Ifor, arglwydd o Shir Gâr, ag Angharad, merch Syr Morgan ap Maredudd, Arglwydd Tredegar, ddechrau'r bedwaredd ganrif ar ddeg.

Meibion o'r briodas honno oedd Morgan, Ifor Hael (a fu'n noddi'r beirdd o'i lys yng Ngwernyclepa ger Basaleg) a Philip, a sefydlodd gangen o'r teulu yn St Pierre ger Cas-gwent.

Trwy linach y brawd hynaf, Morgan, y parhaodd dylanwad y teulu ac ar ddiwedd y bymthegfed ganrif, roedd Syr John Morgan wedi sefydlu'i hun yn un o brif dirfeddianwyr Gwent ac yn cefnogi Harri Tudur yn ei ymgais i ennill coron Lloegr. Mae'n debyg taw yn ystod ei gyfnod ef y dechreuwyd codi plasty sylweddol ar y safle presennol. Oddeutu'r adeg hon hefyd y sefydlwyd canghennau o'r Morganiaid mewn plastai eraill ym Mynyddislwyn, Bedwellte a Rhiw'r-perrai. Yn ddiweddarach, ehangodd y teulu i Ben-coed a Llantarnam.

Yn wahanol i'r gred boblogaidd, mae'n debyg taw trwy briodas yn unig y perthynai'r môr-leidr Harri Morgan (a fu farw yn 1688) i deulu Tredegar.

Yn y ddeunawfed ganrif a'r ganrif ddilynol, bu'r Morganiaid yn fuddsoddwyr blaengar yn y camlesi a'r tramffyrdd yn yr ardal, gan arwain datblygiad Casnewydd fel canolfan fasnachol a phorthladdol.

Bu cyfnod hyd at 1859 pan rwystrwyd y Morganiaid rhag cael eu cydnabod yn arglwyddi o fewn y gyfundrefn Brydeinig. Dylanwad y teulu Beaufort, a ystyrient eu hunain yn bwysigion yn ne Cymru oedd i gyfrif am hyn. Ond yn y flwyddyn honno, dyrchafwyd Syr Charles Morgan yn arglwydd fel gwobr am ei deyrngarwch i Disraeli.

Yn y 1950au, gwerthwyd Tŷ Tredegar a'r parc i'w ddefnyddio fel ysgol breswyl Gatholig i ferched, ond wedi dyfodiad addysg gyfun, prynwyd yr ystad gan y cyngor lleol.

Ceir mynediad yn rhad ac am ddim i'r parc, ar wahân i'r adegau pryd y cynhelir digwyddiadau megis yr Ŵyl Hen Geir flynyddol. O fewn ffiniau'r parc mae llyn lle gellir llogi badau, llwybrau natur, maes chwarae i blant a gerddi ffurfiol. Gwelir cofeb syml i'r hen geffyl rhyfel, Syr Briggs, yn y gerddi: ar hwnnw y marchogodd un o'r Morganiaid yng nghyrch Balaclafa. Cyn cyrraedd y plasty a'r parc, mae amrywiaeth o 'dai ma's' a berthynai i'r *home farm.* Mae crefftwyr wedi sefydlu yn rhai ohonynt erbyn hyn.

Uchafbwynt ymweliad yw taith o gwmpas y plasty, lle gellir cymharu moethusrwydd amgylchiadau byw arglwyddi Tredegar â chaledi'r bywyd 'lawr grisiau' ar gyfer y rhai oedd yn gweini. Ymhlith y prif ystafelloedd mae'r Ystafell Wledda, yr Ystafell Euraidd, y Siambr Orau (a'r 'Drws Nesaf i'r Orau' ar gyfer y gwas), Ystafell y Brenin, Siambr y Meistr ac Ystafell Wisgo'r Meistr. I lawr y grisiau gellir ymweld â'r ceginau, y pantrïoedd a neuadd y gweision. Mae bwrdd hir Cefn Mabli, sydd dros ddeugain troedfedd o hyd, ymhlith y celfi hynotaf sydd yno.

Agorir y plasty i'r cyhoedd rhwng y Pasg a mis Medi, ond bydd ar gau ar ddydd Llun a dydd Mawrth ar wahân i fis Awst. Agorir ar benwythnosau ym mis Hydref. Er mwyn gweld y plasty rhaid ymuno â thywysydd. Mae'r daith gyntaf yn cychwyn am 11:30 a'r olaf am 4:00.

Mae rhaglen brysur o weithgar-eddau a dathliadau yn cael eu trefnu'n flynyddol yn Nhŷ a Pharc Tredegar – gan gynnwys gwyliau gwerin, dramâu a chyngherddau, gweithgareddau i blant a dathliadau traddodiadol adeg y Nadolig a'r Pasg (01633 815880).

Canolfan y Pedwar Loc ar Ddeg
(*Fourteen Locks Centre*)
Canolfan ddehongli ar gyfer olrhain datblygiad a dylanwad y camlesi yn ardal Casnewydd yw hon, gyda safleoedd picnic a llwybrau cerdded o amgylch rhan o gangen Crymlyn o'r gamlas a agorwyd yn 1798. Gellir ei chyrraedd yn hwylus o gyffordd 27 ar draffordd yr M4 yn ardal Rogerstone.

Adeiladwyd y pedwar loc ar ddeg er mwyn ymdopi â rhan o'r disgyniad o 350 troedfedd oedd yn digwydd ar daith y gamlas dros yr un filltir ar ddeg rhwng Crymlyn a Chasnewydd.

Mae'r lociau yn segur heddiw, ond gellir gwerthfawrogi eu pencampwaith peiriannol ac mae'r dŵr llonydd a chymharol fas sydd yn eu cafnau yn ganolbwynt i amgylchedd sy'n cynnal amrywiaeth o blanhigion a chreadur-iaid.

Er bod cynlluniau gan gymdeithas leol i geisio adfer rhannau o gamlas Mynwy yng nghyffiniau Casnewydd, nid oes gobaith ail-agor y lociau hyn am na ellir cyfiawnhau darparu'r cyflenwad anferthol o ddŵr a fyddai ei angen.

Y cyfnod 1800-1825 oedd oes aur y gamlas, gyda haearn, glo a choed yn cael eu cludo o'r cymoedd, a nwyddau o siopau Casnewydd, cerrig a haearn craidd yn cael eu cario ar y daith yn ôl.

Ond erbyn 1805, roedd tramffordd wedi'i hagor i gysylltu gwaith haearn Tredegar a Sirhywi yn uniongyrchol â Chasnewydd, gan anwybyddu'r gamlas yn llwyr. Gyda datblygiad peiriannau stem, erbyn 1843 roedd cyfranddalwyr cwmni'r gamlas ei hun yn argymell trosi'r tramffyrdd, a oedd yn cludo nwyddau at y gamlas, yn rheilffyrdd newydd.

Er gwaethaf hynny, bu bad marchnad yn teithio'n gyson rhwng Casnewydd a Chrymlyn hyd fis Ionawr 1915. Cariwyd nwyddau ar y gamlas hyd 1930 ond yn 1949 caewyd cangen Crymlyn.

Wrth gerdded i lawr heibio i'r lociau segur, gellir croesi dan yr M4 a chyrraedd rhan arall o'r gamlas yn ardal Allt-yr-ynn. Mae'r bryncyn uwchben yn gyrchfan boblogaidd, gyda golygfeydd braf tua'r gogledd.

Gellir trefnu i un o staff Canolfan y Pedwar Loc ar Ddeg arwain ymweliadau a gweithgareddau i blant (01633 894802) ac mae'n werth holi i gael gweld copi o gofnod ceidwad y lociau yn y ganrif ddiwethaf. Er bod y llwybrau yn agored trwy gydol y flwyddyn, dim ond rhwng mis Ebrill a mis Hydref y mae'r ganolfan ddehongli yn agored.

Yr Arfordir
Mae'r arfordir o boptu Casnewydd o ddiddordeb arbennig i naturiaethwyr. I'r gorllewin, gellir dilyn y B4239 i gyfeiriad pentrefi Llansanffraid Gwynllŵg a Llan-bedr Gwynllŵg (*St Bride's* a *Peterstone Wentloog*). Yno, mae morglawdd yn cadw'r môr draw oddi wrth y tir isel, a gellir cerdded ar

ei hyd.

Yn yr un modd, i'r dwyrain o Gasnewydd, gellir gyrru tua'r môr o ardal Maendy i gyfeiriad Allteuryn (*Goldcliff*), a dilyn arwydd at y *Sea Wall* lle gellir parcio ceir. Yma hefyd, gellir cerdded y morglawdd at bysgotfa ac olion priordy Benedictaidd tua'r gorllewin, neu heibio i adfeilion Porton House i'r dwyrain. Mae'r gwastadeddau mwd yn denu adar sy'n mudo a rhydwyr.

Wrth deithio yn ôl heibio i Whitson i gyfeiriad Magwyr, fe sylwir ar y ffosydd (y *reens* yn lleol) sydd wedi eu cloddio er mwyn draenio. Mae corstir yma yn cael ei warchod gan y *Gwent Wildlife Trust*. Yma, rydym rhwng y môr a gwaith dur anferthol Llan-wern, sydd bellach wedi ei foderneiddio ac sy'n cynhyrchu'n hynod effeithiol gyda llawer llai o weithwyr nag yn y gorffennol.

Llanfaches a Llanfair Isgoed
Pentrefi bychain i'r gogledd o'r A48 rhwng Casnewydd a Chaer-went yw'r rhain. Mae hen dollborth ac eglwys hynafol yn Llanfaches, ac ychydig i'r gogledd o'r briffordd mae'r adeilad lle cychwynnwyd yr achos ymneilltuol cyntaf yng Nghymru. Sefydlwyd yr achos hwnnw yn 1639 gan William Wroth, rheithor yn Llanfaches a gafodd ei wahardd o'i swydd gyda'r eglwys am iddo wrthod ufuddhau i'r ddeddf ynghylch chwaraeon ar y Sul.

Daw'r un thema i'n sylw yng nghyntedd eglwys Llanfair Isgoed ble gwelir carreg â'r geiriau hyn arni:

Who Ever hear on Sonday
Will Practis Playing At Ball

it May be before Monday
The Devil Will Have you All.

Ynghanol y pentref hwn gwelir colomendy sgwâr anghyffredin. Oddi yma mae'n bosibl cerdded i gopa'r Garn Lwyd (ST 436935). O'r fan honno, ceir golygfeydd hynod dros fôr Hafren ar ddiwrnod clir. Yn agos i'r copa mae cylch cerrig o'r Oes Efydd.

Coed Gwent

Gellir cyrraedd Coed Gwent o Lanfaches neu o Lanfair Isgoed. Yma mae cronfa ddŵr Coed Gwent (hawliau pysgota gan Ddŵr Cymru) ac uwchben glannau gogleddol y llyn mae safle picnic a maes parcio *Forester's Oaks*. Mae'n bosibl cerdded oddi yma i gopa'r Garn Lwyd hefyd.

Wedi dringo ychydig ymhellach ar hyd yr heol, cyrhaeddir man lle gellir troi i'r chwith i *Wentwood Lodge*. Dyma gyrchfan boblogaidd i deuluoedd, gyda safleoedd picnic a chyfleusterau barbeciw mewn llecyn cysgodol yn wynebu'r de. Darparwyd parciau chwarae bychain ac un parc antur sy'n cynnig tipyn o her, yn ogystal â llwybrau cerdded (deuddeg milltir ohonynt) sydd wedi eu dynodi â gwahanol liwiau.

Caerllion: Olion Rhufeinig

(Cadw: 01633 422518)
Ei safle ar lan afon Wysg sy'n gyfrifol am yr enw a roddwyd ar y ganolfan weinyddol a'r garsiwn a sefydlwyd gan y Rhufeiniaid yng Nghaerllion – *Isca*. Sefydlwyd *Isca* tua 75 O.C. yn bencadlys i ail leng Augustus, gan ddisodli'r ganolfan ym Mrynbuga o ran

ei phwysigrwydd yng ngwaith rheoli'r Silwriaid. Bu presenoldeb Rhufeinig yng Nghaerllion hyd ddiwedd y drydedd ganrif ac erbyn hynny roedd tref fechan wedi'i sefydlu rhwng y garsiwn a'r afon.

Mae'r olion sydd i'w gweld heddiw mewn tri prif safle – yr amffitheatr, y barics a'r baddonau. Mae'r baddonau yn agos i ganol y dref, y tu mewn i adeilad modern ger tafarn yr *Olde Bull*. Yr hyn a welir gyntaf yw cyntedd colofnog lle'r oedd baddon oer yn yr awyr agored. Yna, gwelir olion rhan o'r ystafelloedd newid wedi eu gwresogi, baddon ymdrochi a phwll nofio petryal. Rhan fechan yn unig o'r baddonau gwreiddiol yw hyn: roedd yno faddonau twym a neuadd fawr ar gyfer ymarferion corfforol hefyd.

Rhaid troi i'r chwith gyferbyn â'r amgueddfa er mwyn cyrraedd safleoedd yr amffitheatr a'r barics. Cynlluniwyd yr amffitheatr ar gyfer cynulleidfa o 6000 a ddeuai i gymryd rhan mewn dathliadau ac i wylio'r campau a'r ymladdfeydd oedd mor boblogaidd yng nghyfnod y Rhufeiniaid. Byddai'r llengfilwyr yn ymarfer yma hefyd.

Ar adegau, trefnir arddangosfeydd gan Cadw sy'n cynnwys ymddangosiad gan griwiau megis yr *Ermine Street Guard* sy'n gwisgo dillad o'r cyfnod.

Er nad ydynt mor drawiadol â safle'r amffitheatr, mae olion y barics (yr ochr arall i'r maes parcio) yn dangos amodau byw y garsiwn. Mae amlinelliad isel y waliau yn profi helaethrwydd ystafell y canwriad o'i chymharu â'r ystafelloedd llai a rannwyd gan wyth milwr. Gwelir

Cyfres Broydd Cymru

Tŷ Tredegar

Amffitheatr Rufeinig Caerllion

Gwent

amlinelliad o bedwar bloc y barics, ond mae'r tri pellaf wedi eu hail-greu yn y cyfnod modern.

Caerllion: Amgueddfa'r Lleng Rufeinig

(01633 423134)

Yn y Stryd Fawr, mewn adeilad modern y tu ôl i golofnau'r portico neo-Roegaidd a berthynai i'r adeilad gwreiddiol, mae Amgueddfa'r Lleng Rufeinig. Cangen o'r Amgueddfa Genedlaethol yw hon, sy'n arddangos casgliad sylweddol o'r hyn a ddarganfuwyd yng Nghaerllion a Brynbuga Rufeinig. Dangosir arfau, offer y cartref a'r crefftwr, gemwaith a gollwyd gan ymdrochwyr yn y baddonau a gweithiau addurniadol o bob math. Ceisir cyfleu bywyd bob dydd y garsiwn, a gwelir modelau maint llawn o ganwriad, cludwr y faner, a llengfilwr.

Yn yr amgueddfa, cawn olwg ar fywyd y llengfilwyr a anfonwyd yma o'u cartrefi yng ngwledydd eraill Ewrop i gynrychioli buddiannau Rhufain ar gyrion yr ymerodraeth, a dangosir pa mor gymharol soffisitigedig oedd eu byd.

Mae canolfan ddarganfod gerllaw sy'n cynnig gweithgareddau amrywiol i blant, yn enwedig yn ystod y gwyliau ysgol a'r penwythnosau pan fydd atyniadau yn yr amffitheatr. Mae'r amgueddfa yn agored rhwng 9:30 a 6:00 bob dydd o ddiwedd mis Mawrth hyd ddiwedd mis Hydref, ond yn y gaeaf bydd yn cau am 4:00 ac yn agored am 2:00 ar ddydd Sul. Mae'n bosibl prynu tocynnau sy'n cyfuno mynediad i'r amgueddfa ac i'r olion Rhufeinig.

Llwybr Treftadaeth Caerllion

Er mai'r dreftadaeth Rufeinig sy'n denu'r ymwelwyr i Gaerllion, mae amryw o adeiladau diddorol eraill i'w gweld wrth gerdded y strydoedd. Mae tafarnau megis yr *Olde Bull*, y *Drovers* a'r *White Hart* yn adleisio pwysigrwydd y dref fel canolfan farchnad a ffair.

Un o adeiladau hynaf y dref yw'r *Hanbury Arms*, lle bu Tennyson yn aros yn 1865 yn cynllunio ei *Idylls of the King*. Mae'r dafarn hon ar lan afon Wysg yn agos i'r hen gei. Roedd porthladd Caerllion yn bwysig iawn, a gallai fod wedi parhau felly pe bai wedi ei gysylltu â'r camlesi. Pan adeiladwyd pont gerrig yng Nghasnewydd yn 1800, rhwystrwyd badau mawrion rhag cyrraedd Caerllion, ond bu badau llai yn masnachu oddi yma hyd 1896.

Ymhlith adeiladau diddorol eraill y dref y mae tollborth, ysgol elusennol ac Eglwys Sant Cadog. Does fawr yn weddill o gastell y dref a losgwyd gan Iorwerth ab Owain a'i feibion yn 1171, ond yn 1820 cododd John Jenkins, rheolwr gwaith tun Ponthir, dŷ cerrig ar y safle y tu ôl i waliau uchel, caerog i'w arbed rhag y Siartwyr. Mynde House yw enw'r tŷ hwn heddiw.

Cyfres Broydd Cymru

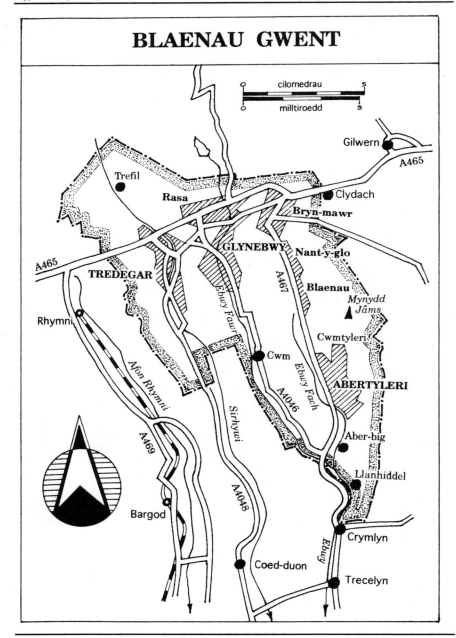

Blaenau Gwent

Blaenau cymoedd Sirhywi, Ebwy a Tyleri yw'r ardal a adnabyddir fel Blaenau Gwent, sydd â phoblogaeth o 73,000 o fewn ei 42 milltir sgwâr. Cyflogwr diwydiannol mwyaf yr ardal yw Dur Prydain sydd â gwaith tunplat a dur galfanedig yng Nglynebwy, ond mae dros 250 o gwmnïau eraill yn y parciau busnes a'r ystadau diwydiannol, mewn lleoedd megis Tafarnau Bach a Rasa.

Ardal dlawd yw hon yn ôl y dangosyddion economaidd a chymdeithasol, gyda chyflogau isel a diweithdra enbyd. Er bod yr ardal yn cael ei hystyried fel atodiad dwyreiniol i Ferthyr yn aml, awgryma John Davies fod i'w hanes 'amddifadiad a wna i brofiad Merthyr ymddangos yn ffodus'.

Mae'r amgylchfyd naturiol yn arw hefyd, gyda llawer iawn o'r cartrefi dros 1000 o droedfeddi uwchlaw'r môr. Rhwng y cymoedd, mae'r tir yn codi i dros 1800 troedfedd ac i'r gogledd o heol blaenau'r cymoedd (yr A465) mae'r tir garw yn ffinio â Pharc Cenedlaethol Bannau Brycheiniog.

Nid yw prif drefi Blaenau Gwent yn denu ymwelwyr am brynhawn o siopa, ond mae i bob un ohonynt eu llwybrau treftadaeth ac mae'r golygfeydd o'r tir uchel yn drawiadol.

Abertyleri

Ynghanol y ganrif ddiwethaf y tyfodd tref Abertyleri, ger uniad afonydd Tyleri ac Ebwy Fach. Hybwyd datblygiad y dref gan y dramffordd a redai i lawr y cwm i'r gamlas yng Nghrymlyn, gan sefydlu bragdy Webbs yn Aber-big yn 1837, a chan ddyfodiad gwaith tun i Abertyleri ei hun yn 1846. Erbyn 1880 roedd poblogaeth o 6000 yn y dref, ond pan suddwyd pyllau dwfn megis glofa Arail Griffin yn Six Bells i'r de a Rose Heyworth i'r gogledd, bu twf syfrdanol ar droad y ganrif, nes bod poblogaeth y dref yn 38,000 erbyn 1920. Roedd tua 3000 o lowyr yn gweithio yn Six Bells pan oedd y lofa ar ei hanterth yn 1914.

Yn wahanol i lawer o drefi'r cymoedd, tai brics sy'n gyffredin yn Abertyleri am ei bod yn dref iau na llawer o'r gweddill. Cafodd treth ar frics ei dileu yn 1850 ac roedd cysylltiadau trafnidiaeth addas ar gael i gludo brics i'r ardal.

Ynghanol y dref, gyferbyn ag Eglwys Sant Michael, mae canolfan siopa dan do wedi'i hadeiladu yn null troad y ganrif. O'r eglwys, mae llwybr yn arwain trwy ardal goediog i gyfeiriad afon Tyleri a llyfrgell y dref. Dan y llyfrgell mae amgueddfa Abertyleri, sy'n cynnwys casgliadau o luniau, dogfennau ac eitemau o ddiddordeb lleol. (Agorir ar foreau Sadwrn ac ar rai prynhawniau yn ystod yr wythnos.) Gyferbyn â'r llyfrgell mae llwybr sy'n mynd dan briffordd yr A467 ac yno gwelir brithwaith gan Kenneth Budd sy'n darlunio agweddau ar hanes y dref.

O ganol tref Abertyleri, mae heol yn arwain i'r gogledd i Gwmtyleri. Ar lawr y cwm mae pâr o olwynion pwll wedi eu gosod mewn sylfaen o garreg i nodi safle'r pwll glo a suddwyd yma yn

47

1850 ar fferm Tir Niclas. Ysgrifennodd John Russell, perchennog y pwll, ddisgrifiad o'r ffermdy:

... â'i dalcenni anferth, yr ardd wedi ei hamgylchynu gan gloddiau ffawydd a chelyn, a phren bocs o boptu'r llwybrau cerrig. Wrth ymyl y tŷ roedd ei felin ddŵr. Y tu mewn eisteddai dwy wraig yn gweithio tröell, yn paratoi gwlân ar gyfer gwau. Crogai ochrau o facwn o'r trawstiau, ac roedd y bwyd yn syml – llaeth, menyn a chaws o laeth dafad, a bara ceirch yn hytrach na bara gwenith.

Ymhellach i fyny'r cwm, mae llynnoedd Cwmtyleri a chronfa ddŵr, ac mae llwybr cerdded poblogaidd yn ffurfio taith gylch sydd ychydig dros ddwy filltir o hyd. Ar ochr ddwyreiniol y cwm mae Eglwys Sant Paul a godwyd fel capel anwes yn 1890, a ffermydd Gwryd Mawr a'r Gilfach. Mae'r Gwryd Bach a Hendre Gwyndir bellach yn ysguboriau. Ym mhen uchaf y cwm, uwchben y gronfa ddŵr, mae adfeilion ffermdai Blaentyleri, Tŷ Isaf a Blaencwm. Uwchben y ffermdai roedd nifer o 'ffynhonnau oerion' a fyddai'n denu pobl o ardal eang i geisio gwellhad i glwyfau ac afiechydon.

Mae'n bosibl parhau i ddringo ym mhen uchaf y cwm, tuag at y gefnen rhwng Cefn Coch a Mynydd Coety, cynefin y boda a'r cudyll coch. Posibilrwydd arall yn yr ardal hon yw taith gylch sy'n cychwyn yn Six Bells, i'r de o Abertyleri, gan ddringo trwy Gwm Nant-y-groes i'r Waun Wen, ymlaen hyd Mynydd Coety ac amgylchynu Cwmtyleri cyn dychwelyd ar hyd Mynydd Jâms i ran gogleddol tref Abertyleri.

Llecyn diddorol arall yng ngyffiniau Abertyleri yw'r bryncyn uwchben pentref Llanhiledd. Yn uchel ar y mynydd uwch uniad afonydd Ebwy ac Ebwy Fach, mae safle tomen mwnt a beili (SO 217019) a hen eglwys Sant Illtud sydd bellach wedi ei hadfer ac sy'n cael ei hagor gan gyfeillion ar brynhawniau Sul rhwng mis Ebrill a mis Hydref.

Y Blaenau a Nant-y-glo

Mae'r briffordd newydd i'r gogledd o Abertyleri yn mynd heibio i drefi'r Blaenau (*Blaina*) a Nant-y-glo, ac mae'n siŵr mai hon yw'r daith a gymer y mwyafrif o ymwelwyr.

Dyma deyrnas yr hen feistri haearn Joseph a Crawshay Bailey, y ddau ŵr mwyaf llwyddiannus a digyfaddawd. Un o'r mannau diddorol ar lwybr treftadaeth Nant-y-glo yw'r tyrau crynion (SO 190102) a godwyd gan y meistri fel amddiffynfeydd personol yn dilyn dirwasgiad y diwydiant haearn wedi rhyfeloedd Napoleon. Bu terfysg ymhlith y gweithwyr yn 1816 ac 1822 pan fu raid i filwyr y *Scots Grays* aros yn y dref am bythefnos. Yn agos at y tyrau crynion mae adfail y Tŷ Mawr a godwyd fel plas gan y Baileys, ac ar y bryn i'r gorllewin mae adfail fferm Penllwyn Uchaf ble ganed Edmund Jones (1702-1793), 'Yr Hen Broffwyd'. Fe'i cysylltwyd ef yn ddiweddarach ag ardal y Transh ger Pont-y-pŵl, ac fe ysgrifennodd hanes ei ardal enedigol, plwyf Aberystruth, gan gynnwys llawer o wybodaeth am chwedlau lleol.

Gwent

Ardal ddeheuol Nant-y-glo yw Coalbrookvale ac yno roedd gwaith haearn arall yn eiddo i George Brewer. Cododd yntau blasdy – *Coalbrookvale House* – sy'n sefyll heddiw â'i wedd allanol heb newid llawer. Roedd Brewer ymhlith y lleiafrif o'r meistri haearn a wrthodai gyflogi plant dan ddeg oed.

Yn Queen Street, Nant-y-glo mae tŷ preifat a fu gynt yn dafarn y *Royal Oak*. Y tafarnwr yno yn 1839 oedd Zephaniah Williams, arweinydd y fintai o Siartwyr a gyrchodd o'r ardal hon i Gasnewydd. Ym Market Street mae adeilad mawr yn agos i res o dai un-llawr lle'r oedd Siop y Cwmni ble byddai'r gweithwyr yn 'trwco' y tocynnau a dderbynient fel rhan o'u cyflog am nwyddau a werthid gan y Cwmni.

Ar safle Ysgol Gyfun Nant-y-glo yr oedd yr hen waith haearn a agorwyd yn 1795 ond a fu'n fwyaf llwyddiannus wedi i'r Baileys ei brynu yn 1811. Erbyn 1844 roedd dros dair mil o ddynion a phum cant o wragedd a phlant yn gweithio yno. I'r gogledd o'r ysgol mae llyn sylweddol Pwll y Waun, a gronnwyd ar gyfer y gwaith haearn.

Yr enw ar ran ogleddol y dref yw Winchestown, sy'n adleisio'r dull o godi glo i'r wyneb gyda *winch* fechan. Defnyddid y dull hwn gan lowyr di-waith yr ardal yn y 1920au a'r 1930au. Wrth edrych yn ofalus, gellir canfod pentyrrau gwastraff sy'n dynodi un ar ddeg haen o lo ble bu'r dull hwn o gloddio yn cael ei ddefnyddio y tu draw i gwrs golff gorllewin Mynwy. Agorwyd y clwb hwn, yr uchaf yng Nghymru mae'n debyg, yn 1909 a

cheir golygfeydd ardderchog o'r tir uchel uwchben ffiniau'r clwb.

Yr ardal fwyaf diddorol yng nghyffiniau tref y Blaenau yw Cwmcelyn, ble rhed Nant Ystruth tuag at y llynnoedd a gronnwyd ar gyfer gwaith haearn y dref. Mae yma safle picnic a llwybrau cerdded i gyfeiriad hen ffermdy Bryn-maen a Mynydd Mulfran, ble byddai Dug Beaufort a Iarll y Fenni yn saethu'r grugiar a'r cyffylog yn ystod y ganrif ddiwethaf. Heddiw, mae'r llwynog a'r grugiar yn gwmni i'w gilydd ymhlith llwyni'r llysiau duon bach. Yng nghyffiniau Bryn-maen, gwelir enghreifftiau arbennig o waliau a chorlannau wedi eu codi â cherrig sychion. Ym Mlaen-yr-Ystruth bu unwaith dafarn o'r enw y Grugiar a'r Giach ar hen heol y plwyf a groesai'r mynydd.

Bryn-mawr

Dyma'r dref uchaf yng Nghymru – 1200 troedfedd uwchlaw'r môr. Datblygodd yn sgîl sefydlu gwaith haearn Nant-y-glo, dafliad carreg i'r de o Fryn-mawr. Roedd safle'r dref ar y gweundir agored ym mhen uchaf y cwm ac felly roedd yr heolydd, tramffyrdd a rheilffyrdd yn cyfrannu at ei datblygiad. Serch hynny, cilio dros nos wnaeth llewyrch yr economi leol, ac erbyn 1934 roedd 37 y cant o weithwyr y dref heb waith rheolaidd ers pum mlynedd.

Yn y cyfnod hwnnw, bu'r Crynwyr ac eraill yn ceisio rhoi hwb i ambell fenter leol a chanlyniad hynny yw'r adeilad hynotaf sy'n sefyll yn y dref heddiw: 'Plethiad o ddelfrydiaeth, ymdrech, soffistigeiddrwydd a ffolineb llwyr',

49

dyna ddisgrifiad un awdur o ffatri rwber Bryn-mawr.

Yr Arglwydd James (Jim) Forrester, tra oedd yn rheolwr gyfarwyddwr *Enfield Cables,* a berswadiodd y llywodraeth i fuddsoddi yn ei gynllun uchelgeisiol i ddod â gwaith i Frynmawr yn y 1940au. Roedd Forrester eisoes wedi cyfrannu at adferiad Brynmawr yn y 1930au wrth fod yn gyfarwyddwr y *Subsistence Production Society* a Gwneuthurwyr Esgidiau Bryn-mawr. Yn y cyfnod hwnnw, roedd Bryn-mawr yn lle ffasiynol i ŵr ifanc cefnog gyda chydwybod cymdeithasol i geisio gwneud ei farc.

Peiriannydd o Ddenmarc, Ove Arup fu'n gyfrifol (rhwng 1946 ac 1951) am agweddau uchelgeisiol yr adeilad a ddarparwyd ar gyfer *Enfield Cables,* megis y to concrid anferth uwchben y prif lawr cynhyrchu ble gallai mil o bobl weithio.

Yn 1951, daeth cynnyrch rwber amrywiol o'r ffatri – teiliau llawr, gwadnau esgidiau, teganau traeth a sbwngiau rwber ar gyfer peirianwaith awyrennau, ond gwaith ar gyfer 250 o bobl yn unig a ddarparwyd. Roedd y ffatri'n gweithio ar ei cholled ac yn 1952 penderfynodd cyfarwyddwyr *Enfield Cables* ei chau.

Cymerodd Cwmni Rwber Dunlop awenau'r ffatri. Roeddent yn arbenigo mewn cynhyrchu gorchudd llawr *vinyl,* ond erbyn y 1970au roeddent yn cystadlu yn erbyn mathau gwydn o garped a gynhyrchid â thechnoleg newydd. Yn y pum mlynedd cyn i'r ffatri gau yn 1982, gwnaeth golled o £6 miliwn. Ers hynny, bwriadwyd dymchwel y ffatri, ond hyd yma mae'r gragen ar ei thraed o hyd oherwydd bod yr adeilad ar restr adeiladau o ddiddordeb pensaernïol.

Ymhlith y safloedd diddorol ar lwybr treftadaeth Bryn-mawr mae Sefydliad y Gweithwyr (1907) a'r llyfrgell a adeiladwyd yn 1906 gydag arian o gronfa Carnegie. Mae tŷ sylweddol ger yr orsaf dân hefyd, a fu unwaith yn synagog. Roedd cymuned Iddewig gref yma ac fe'u parchwyd gan eu cymdogion. Ni chafwyd terfysg gwrthIddewig yma yn 1911 fel a gafwyd yn Nhredegar a Glynebwy. Ceir cornel Iddewig ym mhrif fynwent y dref hefyd.

O Stryd Clydach mae'n bosibl cerdded ymlaen i dir agored ble bu'r *patches* glo, a cheir golwg ymhellach ar Gwm Clydach.

Bu raid i furiau capeli Libanus a Chalfaria gael eu hatgyfnerthu yn dilyn ffrwydriad damweiniol mewn seler gyfagos. Rehoboth (1828) oedd capel anghydffurfiol cyntaf y dref ac yma y bu Crwys yn weinidog hyd 1915. Mae un o'i gadeiriau eisteddfodol i'w gweld yn y capel heddiw.

Ceunant Clydach

Rhed afon Clydach trwy geunant dwfn i'r dwyrain o Fryn-mawr a dyma lwybr heol blaenau'r cymoedd, yr A465, ar ei thaith tua'r Gilwern a'r Fenni. Yma mae safle un o weithfeydd haearn cynharaf yr ardal – ffwrnais Llanelli – a sefydlwyd yn gynnar yn yr ail ganrif ar bymtheg gan deulu Hanbury, Pont-y-pŵl. Datblygwyd y gwaith gan Edward Kendall yn niwedd y ddeunawfed ganrif. Ef oedd y gŵr a gymerodd brydles ar holl fwynau plwyfi Llangatwg a Llanelli yn yr hen sir

Frycheiniog hefyd. Dilynwyd Kendall gan Edward Frere a'r brodyr Bailey. Erbyn 1841 roedd 1400 yn gweithio yma, ond o fewn ugain mlynedd roedd y mwyn haearn lleol yn darfod ac aeth y gwaith yn segur yn y 1860au.

Mae adfeilion y ffwrneisi haearn i'w gweld heddiw ger y safle picnic a'r maes parcio (SO 231143) sydd wedi'i arwyddo ar yr A465 ger pentref Clydach. Oddi yma, mae llwybrau cerdded yn arwain i fyny'r cwm cul coediog sy'n llawn olion tramffyrdd, pontydd, rheilffordd, odynau calch, cwarrau a bythynnod. Mae'n bosibl cerdded o'r gwaith haearn gan ddilyn glannau'r afon. Erbyn cyrraedd Coed Ffyddlwn, mae'r afon mewn ceunant dwfn islaw ac mae rhaeadrau byrlymus ymhellach i'r gorllewin. Gellir dringo trwy'r coed wedyn nes cyrraedd ardal Bryn Llanelli, ble gwelir olion y cwarrau calch.

Glynebwy

Gŵyl Erddi 1992 ddaeth â thref Glynebwy i sylw'r byd yn y cyfnod diweddar, a llwyddwyd i ddenu bron i ddwy filiwn o ymwelwyr yr haf hwnnw. Erbyn heddiw, adeiladwyd tai ar gyfran helaeth o safle'r dathliad, ond mae rhan o'r safle wedi ei chadw a'i datblygu fel atyniad hamdden parhaol, a phentref o siopau ffatri *(factory outlet shopping)* wedi ei godi yno. Parc yr Ŵyl *(Festival Park)* yw'r enw a ddefnyddir i hyrwyddo'r fenter hon. Mae'r atyniadau yn cynnwys canolfan ymwelwyr sy'n dehongli hanes yr ardal, tŷ planhigion trofannol, pafiliwn dwyreiniol, canolfan coedwig sy'n cynnwys drysfa neidr a nyth aderyn anferth i ddiddori plant, gerddi addurniadol a chanolfan gwlyptir. Mae'r safle yn agored trwy gydol y flwyddyn (01495 350010).

Dechreuodd datblygiadau diwydiannol yng Nglynebwy yn 1780 pan agorodd Edward Kendall ffwrnais yn y dref, ond teulu Harford a ddaeth yn brif feistri haearn yma yn ddiweddarach. Crynwyr oeddent ac oherwydd eu hagwedd oleuedig hwy, ni fu amgylchiadau'r gweithwyr cynddrwg ag yn y trefi cyfagos.

Cafodd y dref hwb yn 1936 pan agorodd cwmni Richard Thomas (dan ddylanwad y prif weinidog Baldwin) waith dur cyfunol yn hytrach nag ymestyn y gwaith yn Scunthorpe. Ond yn dilyn agor gwaith Llanwern yn y 1960au, bu cwtogi cyson ar y cynhyrchu yng Nglynebwy a rhoddwyd y gorau i gynhyrchu dur yma yn 1978. Canolbwyntir ar waith galfaneiddio a chynhyrchu tunplat heddiw, gyda gweithlu llawer llai. Crebachodd safle'r gwaith hefyd. Cliriwyd y rhan ddeheuol ar gyfer yr Ŵyl Erddi, a'r rhan agosaf at y dref sydd wedi goroesi.

Mae llwybr treftadaeth Glynebwy yn cychwyn mewn maes parcio ynghanol y dref, sy'n agos i faes chwarae i blant. Mae hen draciau rheilffyrdd ac olion pwll glo i'w gweld ar ddechrau'r daith, ac un o'r adeiladau mawr cyfagos a gâi ei ddefnyddio fel *Labour Exchange* yn y 1930au. Un o adeiladau amlycaf y dref yw Eglwys Crist. Cyfrannodd Abraham Darby y Pedwerydd yn hael tuag at y costau adeiladu. Fe'i hagorwyd yn 1861 ac fe gyfeirir ati weithiau fel 'cadeirlan y bryniau'.

Cyfres Broydd Cymru

Cloc Tredegar

Yn Stryd yr Eglwys mae'r Sefydliad Llenyddol a Gwyddonol sy'n tystio i ddiwylliant y gymuned yn y gorffennol. Ymhellach ymlaen ar y daith, gwelir capeli Nebo a Barham, Carmel ac Ebeneser a Thafarn Rhyd-y-blew ble byddai'r gyntaf o'r Cymdeithasau Cyfeillgar a ragflaenodd yr undebau llafur yn cwrdd.

Mae pont garreg ddiddorol yn cysylltu canol y dref ag ardal Newtown. Roedd angen y bwa gwreiddiol (1790) er mwyn croesi'r afon, ond yna torrwyd ail fwa ar gyfer tramffordd (1813) ac ychwanegwyd un arall yn 1861 ar gyfer y briffordd. Yn agos i'r bont roedd gwaith Pen-y-cae ac mae olion iard y *Forty Five* i'w gweld o hyd, sef safle peiriannau stêm gyda silindrau 45 modfedd o ddiamedr. Mae'r argraff a geir o Lynebwy o'r llwybr treftadaeth yn llawer mwy diddorol na'i Stryd Fawr digon diflas yr olwg.

Cwm yw enw'r pentref sydd ar lawr y dyffryn yn union i'r de o Lynebwy. Pentref glofaol ydoedd, gyda'i strydoedd hirion o dai teras yn anelu camrau'r gweithwyr tuag at lofa'r Marine a agorwyd yn 1889. Cyrhaeddodd y lofa ei hanterth yn 1919 pan gyflogwyd 2700 yno. Ar ddydd Gŵyl Dewi 1927, lladdwyd 52 o'r glowyr mewn damwain a dangosodd yr ardal eu dicter tuag at Stanley Baldwin pan ddaeth i ymweld â safle'r gyflafan. Bu beirniadu llym ar y modd yr oedd meistri'r pyllau wedi rhuthro yn ôl i gynhyrchu yn dilyn streic fawr 1926, gan esgeuluso diogelwch y glowyr. Glofa'r Marine a glofa Penallta yng Nghwm Rhymni oedd yr olaf o byllau Gwent i gau.

Tredegar

'Y Cylch' yn hytrach na sgwâr yw canolbwynt rhan hynaf Tredegar ac yno y saif y cloc haearn a ddaeth yn rhyw fath o symbol ar gyfer y dref. Fe'i codwyd yn 1859 ac mae'n 72 troedfedd o uchder. Mae'n debyg mai Elizabeth Davies, gwraig rheolwr y gwaith haearn a gafodd y syniad o osod rhywbeth ynghanol y Cylch. Cael ffownten oedd ei syniad gwreiddiol, gan y byddai hynny'n ddefnyddiol fel ffynhonnell ddŵr mewn tref oedd heb system bibellau dŵr, ond ar y pryd, roedd llawer o sylw yn cael ei roi i'r cloc oedd yn cael ei adeiladu ym mhalas San Steffan – *Big Ben* – ac felly, cloc ddaeth i Dredegar hefyd.

Mae'r pedair coes haearn sy'n cynnal y cloc yn ymestyn dan yr heol hyd eithaf y Cylch, ac yng ngwaelod y cloc mae peirianwaith gyda chadwyni hirion yn ymestyn oddi yno i droi ei fysedd.

Ar y Cylch mae llyfrgell y dref hefyd, ac yno mae'r amgueddfa hanes lleol sydd yn agored ar ddydd Sadwrn.

Ymhlith yr adeiladau trawiadol y sylwir arnynt wrth gerdded ar hyd y dref y mae capeli Penuel, Seilo a Saron, ble bu Ieuan Gwynedd yn weinidog am gyfnod byr rhwng 1845 ac 1847. Ar y gornel rhwng Bridge Street a Shop Row, mae'r adeilad a arferai gynnwys siop y cwmni haearn. Ymosodwyd ar honno yn ystod terfysg yn y dref yn 1816.

Yn rhan ddeheuol y dref mae Parc Bedwellte. Yno gwelir un o'r enghreifftiau gorau o dai'r meistri haearn, sef Tŷ Bedwellte a fu'n gartref i'r teulu Homfray, sefydlwyr gwaith haearn Tredegar. Yn nhir y parc mae blocyn o lo sy'n pwyso 15 tunnell a gloddiwyd ar gyfer yr Arddangosfa Fawr yn 1851.

Yn Poplar Road ar gyrion y dref mae *The Glen* a fu'n gartref i'r meddyg A.J.Cronin am dair blynedd yn y dauddegau. Yn ei nofel *The Citadel*, mae Cronin yn darlunio ei brofiad ef o'r ardal yn ystod y dirwasgiad.

O Whitworth Terrace, mae'n bosibl dilyn heol sy'n dringo i gyfeiriad cronfa ddŵr St Jâms (SO 155 078), ble mae llwybr cerdded yn arwain oddi amgylch y llyn, yn ogystal â safleoedd picnic a barbeciw a golygfeydd ar draws y cwm a thros dref Tredegar. Yn yr ardal gyferbyn – ar ochr arall y cwm – roedd safle glofa Tŷ Trist ar safle fferm o'r un enw.

Dechreuwyd codi glo yn Nhŷ Trist yn 1834, pan suddwyd pwll rhif 1 gan Gwmni Haearn Tredegar wrth i'w ddiddordebau ehangu o'i wreiddiau yn y diwydiant haearn. Ar un adeg, roedd y cwmni'n berchen ar 20 glofa yn ardal Tredegar. Erbyn 1910, roedd dros 1200 yn gweithio yn Nhŷ Trist a phan gaeodd yn 1959 roedd wedi bod yn cynhyrchu glo am 125 o flynyddoedd, sy'n gyfnod anghyffredin o hir.

Glofa Pochin oedd y cyflogwr mawr arall i'r de o'r dref. Roedd bron i 1700 o lowyr yma yn 1910 ac roedd trên arbennig yn rhedeg o Dredegar i lawr y cwm i'r lofa.

Pan oedd gwaith haearn Homfray yn ei anterth, gelwid y dref yn *Tredegar Ironworks,* ond nid hwn oedd gwaith haearn cyntaf yr ardal; yn Sirhywi – i'r gogledd o'r dref – yr oedd hwnnw (SO 143102), ble cychwynnwyd y ffwrneisi cyntaf i'w tanio â golosg yng Ngwent yn 1778, ym Mhont Gwaith yr Haearn.

I'r gogledd-orllewin o'r dref mae ardal ble bu cloddio am lo ar yr wyneb, *patches* Tredegar, ble gadawyd pentyrrau o wastraff a phantiau yn y tirlun lle bu'r cloddio. Y tu hwnt i'r *patches* mae Parc Bryn-bach sy'n denu llawer o bobl ar gyfer gweithgareddau ar y llyn. Mae hwylfyrddio, sgïo dŵr a physgota yn boblogaidd ac mae parc antur i blant, canolfan ymwelwyr a bwyty bychan yma hefyd.

Os teithir i'r de o Dredegar ar hyd yr heol sy'n arwain i Rhymni, a throi i'r chwith wrth ddod i olwg yr eglwys (SO 138078), cyrhaeddir mynwent Cefn Golau – mynwent y colera – ar dir agored y mynydd. Yma y claddwyd y rhai a fu farw pan ysgubodd y colera trwy drefi Tredegar a Rhymni yn 1849.

Mae'r tir uchel rhwng cymoedd Sirhywi ac Ebwy yn cynnig golygfeydd ardderchog i lawr y ddau gwm. Mae'n bosibl gyrru ar hyd y gefnen o *Mountain Air Gate* (SO 156093) i bentref Man-moel â'i dafarn fechan un ystafell, ac ymlaen i Barc Gwledig Llyn Pen-y-fan (SO 197005).

Mae'r A4047 yn croesi'r tir uchel hefyd, o ben gogleddol Tredegar i Lynebwy. Ar fin yr heol, mae meini coffa Aneurin Bevan (SO 151105). Cynrychioli y tair prif dref yn yr etholaeth fel yr oedd yng nghyfnod Bevan – Rhymni, Tredegar a Glynebwy wna'r meini. Mae maes parcio cyfleus a thir agored y gellir ei grwydro er mwyn cael golwg ar flaenau'r cymoedd gerllaw.

I'r gogledd mae pentref Tre-fil. Gellir

ei gyrraedd o'r gylchfan ar heol blaenau'r cymoedd. I'r gogledd o'r pentref mae'r hen gwarrau calch a fu'n cyflenwi'r gweithfeydd haearn yn Nhredegar a Rhymni, ac ar y gweundir i'r dwyrain mae Ogof y Siartwyr ble honnir i arweinyddion eu gwrthdystiad gwrdd i gynllunio.

Un o dyrau crynion Nant-y-glo

Cyfres Broydd Cymru

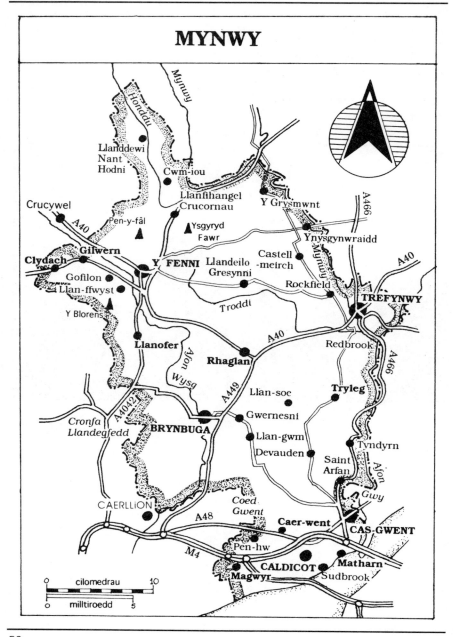

Gwent

Gogledd Sir Fynwy:
Y Fenni a Threfynwy

Sir Fynwy yw'r ardal o Went sy'n ffinio
â Lloegr. Nodir y ffin gan Glawdd Offa
uwch dyffryn Euas, afon Mynwy oddi
yno i Drefnwy, ac afon Gwy ar ei
thaith o'r dref honno i'r môr ger Cas-
gwent.

Tua 80,000 yw poblogaeth y sir.
Mae hanner y bobl yn byw yn y prif
drefi – Y Fenni, Trefynwy, Cas-gwent
a Caldicot, a'r gweddill yn byw yn y
pentrefi a'r cymdogaethau cefn gwlad
sydd i gyfrif am weddill yr arwynebedd
o 329 milltir sgwâr.

Yn y bennod hon, sonnir am yr ardal
sydd i'r gogledd o heol yr A40, yn
ogystal â threfi'r Fenni a Threfynwy a
phentref Rhaglan y gellir eu cyrraedd
yn hwylus oddi arni. Trafodir rhan
ddeheuol y sir yn y bennod nesaf.

Y Fenni
Tref farchnad fywiog ar lan afon Wysg
yw'r Fenni, wedi ei hamgylchynu gan
fryniau sy'n atyniad i lawer o
ymwelwyr.

Mae amrywiaeth o siopau bychain
ar y Stryd Fawr, ac o dan y cloc mae'r
neuadd farchnad sydd ar ei phrysuraf
ar ddydd Mawrth, dydd Gwener a dydd
Sadwrn. Ynghanol y dref mae'r theatr
(*Borough Theatre*) hefyd.

O fewn cyrraedd hwylus i ganol y
dref mae adfeilion y castell
Normanaidd. Yma y llofruddiwyd
Seisyllt ap Dyfnwal ac arweinwyr eraill
y Cymry ar ddydd Nadolig 1175, wedi i
William de Braose eu gwahodd i
wledda yn y castell. Er mwyn dial am

hyn, llosgwyd y castell saith mlynedd
yn ddiweddarach gan Arglwydd
Caerllion, Hywel ab Iorwerth. Yn 1404,
bu'r Fenni dan warchae Owain
Glyndŵr ac fe losgwyd rhannau
helaeth o'r dref pan gafodd ei
ddilynwyr fynediad trwy'r pyrth.
Collodd y dref ei phwysigrwydd fel
cadarnle bryd hynny, a bu
blynyddoedd cyn iddi adfer ei safle fel
canolfan fasnachol.

Ynghanol y castell, ar safle'r mwnt a
luniai'r castell gwreiddiol, mae tŵr a
adeiladwyd ddechrau'r bedwaredd
ganrif ar bymtheg. Dyma gartref
amgueddfa'r dref, sy'n cynnwys
gweithdy sadler a chegin fferm wedi
eu hail-greu. Mae casgliad helaeth o
luniau a phosteri yno hefyd sy'n
darlunio agweddau ar hanes y dref. Yn
y gaeaf, bydd yn agored rhwng 11:00
ac 1:00 a rhwng 2:00 a 4:00 o ddydd
Llun i ddydd Sadwrn. Rhwng mis
Mawrth a mis Hydref bydd yn agored
am awr yn hwy yn y prynhawn yn
ogystal ag ar brynhawniau Sul (01873
854282).

Yn Stryd y Farchnad, mae
Amgueddfa Plentyndod a'r Cartref
(01873 850063) sydd yn agored i'r
cyhoedd rhwng y gwanwyn a'r hydref
– rhwng 10:00 a 5:00 o ddydd Llun i
ddydd Sadwrn a rhwng 2:00 a 5:00 ar
ddydd Sul. Agorir ar gyfer grwpiau
ysgol yn unig yn ystod y gaeaf. Mae
arddangosfeydd amrywiol iawn yno:
doliau, ceffylau pren, cardiau sigarét,
sampleri, ac atgynyrchiadau o
ystafelloedd chwarae Fictoraidd ac
Edwardaidd.

Saif Eglwys y Santes Fair ar safle

priordy Benedictaidd ac ynddi gwelir cofebion sylweddol i aelodau o deulu de Braose; Syr William ap Thomas – sylfaenydd castell Rhaglan a'i ddisgynyddion yr Herbertiaid; a'r Dr David Lewis, prifathro cyntaf Coleg yr Iesu, Rhydychen – brodor o'r dref a gladdwyd yma yn 1584.

Mae'n bosibl cerdded neu fynd ar gefn beic hyd lannau afon Wysg, sy'n hawdd ei chyrraedd o gyffiniau'r castell, ac mae gerddi Linda Vista yn rhan uchaf Stryd Tudor yn werth eu gweld. Ar ochr ogledd-ddwyreiniol y dref mae Parc Bailey a enwyd ar ôl Crawshay Bailey. Ymhlith prif atyniadau'r flwyddyn yn y parc mae'r rali stem a gynhelir diwedd mis Mai, y sioe amaethyddol ddechrau mis Gorffennaf a sioe geffylau gwedd ym mis Hydref.

Pentrefi yng nghyffiniau'r Fenni

I'r de o'r Fenni mae pentref Llanffwyst, lle gwelir glanfa i'r gamlas a hen warws Hill sydd bellach yn dŷ preswyl. O'r pentref hwn y dringai tramffordd Hill dros ysgwydd y Blorens i weithfeydd Garndyrys. Mae'n bosibl dilyn yr inclên hon heddiw, gan gychwyn trwy dwnnel deugain troedfedd o hyd sy'n mynd dan y gamlas a than dŷ pennaeth y lanfa. Ym mynwent Eglwys San Ffwyst, saif cofeb ddisglair i'r meistr haearn, Crawshay Bailey.

Ychydig i'r gogledd ar hyd y gamlas mae pentref Gofilon a phrysurdeb ei badau hamdden ar y lanfa. Oddi yma mae heol yn dringo'n serth i gyfeiriad Blaenafon, sydd prin bum milltir i ffwrdd, ond sy'n fyd cwbl wahanol i fwynder iseldir a maestrefi'r Fenni. Â'i dalcen at y gamlas yng Ngofilon mae capel Llanwenarth, yr hynaf o gapeli'r Bedyddwyr yng Nghymru (1695).

Yn y Fenni hefyd, ar ochr ogleddol y dref i gyfeiriad canolfan breswyl y Bryn *(The Hill)*, y lleolwyd academi'r Bedyddwyr o 1807 hyd 1836. Fe'i sefydlwyd er mwyn dysgu Saesneg i'r darpar weinidogion Cymraeg, ond roedd y rhaglen waith dan arweiniad Micah Thomas (brodor o Whitson ger Casnewydd) yn cynnwys elfennau megis daeareg, magneteg, cemeg a meteoroleg hefyd.

Pentref i basio heibio iddo ar yr A4042 brysur rhwng y Fenni a Phont-y-pŵl yw Llanofer fel arfer, ac oherwydd ei natur wasgaredig, rhaid crwydro tipyn er mwyn gwerthfawrogi ei gymeriad. Mae'r prif glwstwr o dai ger yr orsaf betrol, lle mae'r brifffordd yn croesi nant Rhyd-y-meirch. Yma mae ugain o dai Tre Elidyr, a godwyd i goffáu'r ugain milwr o'r ardal a laddwyd yn y Rhyfel Byd Cyntaf ac yn eu plith, Capten Elidyr Herbert, gor-ŵyr i Arglwyddes Llanofer. Oddi yma, mae heol gul yn dringo i fyny'r mynydd gan groesi'r gamlas ar ei ffordd i dafarn y *Goose and Cuckoo* a enwyd felly, mae'n debyg, ar ôl dwy hen wraig a fu'n cadw'r dafarn ond a oedd ymhell o fod yn gytûn. Mae'r dafarn yn gyrchfan boblogaidd gan gerddwyr ac yn ddigon uchel i gynnig golygfeydd gwych dros ddyffryn Wysg.

Mae Llanofer yn eithriad ymhlith pentrefi Gwent am nad oes tafarn yn y pentref. Caewyd saith ohonynt gan yr Arglwyddes a oedd yn gwrthwynebu alcohol yn llwyr.

Ar lan afon Wysg, saif Eglwys Sant Bartholomeus (SO 317094) – eglwys blwyf Llanofer, sy'n dangos mai yma yr oedd cnewyllyn y pentref gwreiddiol. I'w chyrraedd, rhaid dilyn un o'r heolydd culion sy'n gadael y briffordd i gyfeiriad y dwyrain y naill ben i'r rhan hwnnw o'r pentref sydd ar fin yr A4042. Ym mynwent yr eglwys hon y claddwyd yr Arglwyddes ac mae pont gerllaw dros afon Wysg. O'i glannau pellaf, gellir gweld bod Tŷ'r Afon wedi ei adeiladu dros nant fechan sy'n ymuno ag afon Wysg. Ymhlith hen dai eraill yr ardal mae'r Hen Bersondy, Hen Ysgoldy a Thŷ'r Ywen. Enw Cymraeg roddwyd ar y cartref hefyd – Tŷ Uchaf, a godwyd gan Benjamin Hall yn yr ardal goediog rhwng y briffordd a'r afon a adnabyddir fel Parc Llanofer. Uwchben un o'r pyrth sy'n arwain at Dŷ Uchaf gwelir y geiriau:

Pwy wyt, Ddyfodwr?
Os cyfaill, Gresaw calon i ti:
Os Dieither, Lleteugarwch a'th erys:
Os Gelyn, Addfwynder a'th garchara.

Ac wrth ymadael trwy'r porth, dyma'r cyfarchiad:

Ymadawydd hynaws, gad fendith
Ar dy ôl, a bendithier dithau;
Iechyd a hoen it ar dy daith'
A dedwydd ddychweliad.

Bryniau'r Fenni
Cyfrol Chris Barber, *The Seven Hills of Abergavenny*, sy'n rhoi'r arweiniad mwyaf trwyadl i'r llwybrau dros fryniau'r Fenni.

Y mwyaf adnabyddus a'r uchaf o'r saith yw Pen-y-fâl *(Sugar Loaf)* – y côn siapus i'r gogledd o'r dref. Y ffordd hawsaf i gyrraedd ei gopa yw trwy fynd â'r car i'r maes parcio yn SO 268167. I gyrraedd hwn, rhaid teithio allan o'r dref i gyfeiriad Crughywel a throi i'r dde ar hyd Pentre Lane, sydd tua hanner milltir heibio i ysbyty Nevill Hall. Mae angen gofal ar yr heol gul hon sy'n mynd heibio i Winllan Pen-y-fâl (01873 858675). Yno, mae cyfle i roi tro o amgylch y safle, a blasu a phrynu'r gwin lleol. Llai na dwy filltir o waith cerdded a 900 troedfedd o waith dringo sydd o'r maes parcio i gopa Pen-y-fâl (1995 troedfedd) ar hyd ysgwydd mynydd Llanwenarth, ond rhaid nodi ei fod yn llwybr cwbl ddigysgod.

Efallai mai'r difyrraf o fryniau'r Fenni yw'r Ysgyryd Fawr, y mynydd sanctaidd. Er mai 1595 troedfedd yn unig yw ei uchder, mae ei siâp yn drawiadol wrth edrych tua'r gogledd-ddwyrain o'r dref, neu wrth deithio ar hyd yr A465 rhwng y Fenni a Henffordd.

Y man cychwyn ar gyfer y llwybr hawsaf yw'r maes parcio (SO 329164) ar heol B4521, sy'n arwain o'r Fenni i gyfeiriad Llanwytherin gan fynd dan yr A465. I'r un cyfeiriad y mae tafarn y *Walnut Tree* yn Llanddewi Ysgyryd, sydd ers blynyddoedd wedi rhagori ym maes gastronomeg – *'legendary foodies' paradise'* yn ôl y *Rough Guide*.

Mae llwybr amlwg o'r maes parcio i gopa'r mynydd, ac o ddilyn y grib i'w phen gogleddol, cyrhaeddir safle Eglwys Mihangel a'r pwynt triongli. Dyma fan cyfarfod tri phlwyf

Cyfres Broydd Cymru

Pont Trefynwy

Llanfihangel Crucornau, Llandeilo Bertholau a Llanddewi Ysgyryd.

Mae hollt amlwg yn y graig ar ochr orllewinol yr Ysgyryd Fawr, a ddigwyddodd, yn ôl traddodiad, pan rwygwyd y mynydd gan fellt a daeargryn adeg croeshoeliad Crist. Hyn a barodd i'r mynydd gael ei ystyried yn sanctaidd.

Y copa agosaf i'r dref yw'r Ysgyryd Fach (886 troedfedd), sy'n hawdd ei gyrraedd o faes parcio bychan i'r dwyrain o'r bryn, neu wrth gerdded o orsaf reilffordd y Fenni ar hyd llwybr sy'n mynd dan yr A465. Ceir golygfeydd ardderchog o'r dref ac o ddyffryn Wysg o'r copa.

Nid yw'r tri bryn arall (mynyddoedd Llanwenarth, Rholben a'r Deri) fawr mwy nag ysgwyddau i Ben-y-fâl. Y seithfed yw'r Blorens, sydd yn haws i'w gyrraedd o gyfeiriad Blaenafon, ond mae Chris Barber yn ei gyfrol yn cynnig taith gylch o chwe milltir ar hugain sy'n cychwyn o neuadd y dref yn y Fenni ac sy'n croesi'r saith copa mewn rhyw ddeg awr.

Dyffryn Euas

I'r dyffryn hwn yr aeth T.H.Parry-Williams ar drywydd rhai Saeson a enciliodd i Gymru 'yn meddu ar dalent ac athrylith, a hynodrwydd hefyd' yn ei gyfrol o ysgrifau *Myfyrdodau*. Mae i'r dyffryn ramant a phrydferthwch sydd wedi denu pobl dros y canrifoedd. Yn ôl Gerallt Gymro, nid yw lled y cwm 'ddim mwy na thair ergyd saeth'.

Tra byddwch ar ymweliad â Gwent, rydych yn debyg o gyrraedd dyffryn Euas o'r heol sy'n arwain i Henffordd

o'r Fenni (A465). Mae hefyd yn bosibl cyrraedd y dyffryn o'r gogledd, trwy ddringo'r heol fynydd o'r Gelli Gandryll dros Fwlch yr Efengyl.

Llanfihangel Crucornau yw'r pentref ar yr A465 ger y troad am ddyffryn Euas. Honnir mai Tafarn Ysgyryd *(Skirrid Inn)* yn y pentref hwn yw'r dafarn hynaf yng Nghymru – o'r unfed ganrif ar ddeg, ac fe geir eglwys o'r ddeuddegfed ganrif yma hefyd. Cyn hynny, i Eglwys Mihangel ar gopa'r Ysgyryd Fawr y cyrchai addolwyr.

Tua milltir a chwarter i fyny'r dyffryn mae croesffordd â heol serth yn dringo i'r chwith. Ychydig ymhellach na phen draw'r heol mae olion Twyn y Gaer (SO 294219) lle cafwyd tystiolaeth fod cymuned barhaol wedi byw yma yn ystod yr Oes Haearn. Y tu hwnt i'r gaer, ar ffin Powys, mae'r cwmwd lle saif eglwys hynod Sant Iswy *(Partrishow)*. Yn agos i'r groesffordd hon hefyd y mae fferm brithyll Crucornau, sydd yn agored i'r cyhoedd drwy gydol y flwyddyn, gyda chyfle i fwydo'r pysgod (01873 890545).

Y llecyn nesaf o ddiddordeb yn y dyffryn yw Cwm-iou, gyda'i eglwys hynod sy'n gam ac ar dro, waeth i ba gyfeiriad bynnag yr edrychwch. Mae Eglwys Sant Martin yng nghysgod bryncyn Hatteral, ac mae cryndod aml yn y tir wedi siglo a cham-ffurfio'r eglwys.

Llanddewi Nant Hodni, sy'n fwy cyfarwydd wrth ei enw Saesneg *Llanthony*, yw'r gyrchfan fwyaf poblogaidd yn y dyffryn. Y priordy yma, sydd bellach yng ngofal Cadw, oedd un o'r priordai cyntaf ym Mhrydain a berthynai i'r Awstiniaid.

Roedd cymaint â deugain mynach yma yn gynnar yn y ddeuddegfed ganrif, ond fel sefydliad Normanaidd, doedd y priordy ddim wrth fodd y Cymry, a bu raid i'r mynaich ddychwelyd i Loegr yn 1135.

Ond cafwyd ailafael ar y safle a rhwng 1180 ac 1230, adeiladwyd eglwys y priordy sydd â'i hadfeilion i'w gweld heddiw. Bu cymuned gref o fynaich yma hyd at gyfnod gwrthryfel Glyndŵr ond erbyn 1504, pedwar yn unig oedd yn weddill ac fe gyfrannodd Harri'r Wythfed at ddadfeilio pellach.

Rhwng 1807 ac 1815 bu'r bardd Walter Savage Landor yn berchen ar y safle, gyda'r bwriad o'i adfer. Methiant fu'r fenter oherwydd ei ddiffyg rheolaeth ariannol, ond mae rhai o'r coed ffawydd, llarwydd a chastanwydd Sbaenaidd a blannodd yn parhau i harddu adfeilion ei freuddwyd.

O gyffiniau'r priordy, mae'n bosibl cerdded i'r bryniau sydd o boptu'r dyffryn: mae llwybr Clawdd Offa ar y grib ddwyreiniol. Mae'r hen enwau ar rai o'r llwybrau yn adleisio'r cyfnod pan fyddai nwyddau'n cael eu cario dros y bryniau i'r priordy anghysbell: Rhiw Pysgod yn arwain i Lyn Llangors, a Rhiw Cwrw yn arwain i Abbeydore yn swydd Henffordd.

Wrth ddilyn yr heol tua'r gogledd, fe groesir y ffin i Bowys ychydig cyn cyrraedd Capel-y-ffin. I'r fan hon yr enciliodd Joseph Leycester Lyne yn 1869, gan sefydlu mynachdy bychan newydd a mabwysiadu'r enw y Tad Ignatius. Wedi marw Lyne, bu cysylltiad rhwng mynachdy Capel-y-ffin a Benedictiaid Ynys Bŷr, Dinbych-y-pysgod. Yna, yn 1924, arweiniodd y cerflunydd Eric Gill gymuned o artistiaid i'r fynachlog ac yn ddiweddarach bu'n cydweithio yma â David Jones, y cyn-filwr, arlunydd a bardd oedd â'i deulu'n hanu o Glwyd. Tŷ preifat yw'r safle heddiw, ond mae'n bosibl ymweld ag adfeilion yr eglwys a chapel bychan.

Gyda chymaint wedi encilio i'r dyffryn hwn i geisio tawelwch ysbrydol ac ysbrydoliaeth, tybed oes gwirionedd yng ngeiriau David Jones?: *'Place of questioning where you must ask the question and the answer questions you'.*

Trefynwy

'Tre garsiwn yw hi, a'i heglwysi mawrion, ei hysgolion bonedd, a'i swyddogion milwrol yn martsio ar hyd ei strydoedd.' Dyna argraff Prys Morgan o Drefynwy yn ei bennod ar afon Mynwy yn y gyfrol *Dilyn Afon*.

Man hwylus i gychwyn ymweliad â'r dref yw ardal Uwch Mynwy (*Over Monnow*) sydd i'r de-orllewin o'r dref; yno y saif Eglwys St Thomas ar lan afon Mynwy, wedi ei chysegru i Sant Thomas-a-Beckett a lofruddiwyd yng Nghaer-gaint yn 1170. Nodweddion diddorol yn yr eglwys yw bwa Normanaidd y gangell, y bedyddfaen addurnedig anghyffredin sydd ar wal y de, y gwaith pren celfydd a'r llofft fechan.

Hefyd yn ardal Uwch Mynwy, mae olion y Clawdd Du (SO 504122) a luniwyd fel mur amddiffynnol i'r faestref yn y ddeuddegfed ganrif.

Rhaid croesi'r afon er mwyn

cyrraedd y dref, a gwneir hynny trwy borth enwog Pont Trefynwy. Adeiladwyd y bont wreiddiol yn 1272 braidd yn gulach na'r bont fel y mae hi heddiw; gellir gweld y tri bwa canoloesol oddi mewn i strwythur presennol bwâu'r bont. Ychwanegwyd y porth ddiwedd y drydedd ganrif ar ddeg, gyda bwlch trwy'r porth canol yn unig; yn gynnar yn y bedwaredd ganrif ar bymtheg yr ychwanegwyd y bylchau ochr a ddefnyddir gan gerddwyr. Nid oes sicrwydd pa ddefnydd a wnaed o'r porth i amddiffyn y dref yn yr Oesoedd Canol, ond bu'n bwysig yng nghyfnod y Rhyfel Cartref pan feddiannwyd y dref gan frenhinwyr a gweriniaethwyr yn eu tro.

Wedi gadael y bont a'r porth rydym yn Stryd Mynwy. Wrth gerdded i mewn trwy ddrws 22-24 ceir golygfa annisgwyl: safle archeolegol sy'n cael ei gloddio gan wirfoddolwyr y gymdeithas archeolegol leol. Bu cryn ddadlau yn y dref dros y degawd diwethaf ynghylch yr angen i arbed safleoedd o'r fath rhag datblygwyr. Yn rhifau 22-24, gellir gweld olion Rhufeinig a chanoloesol yn yr haenau sydd wedi eu cloddio, ac mae rhai o'r darganfyddiadau yn cael eu harddangos yno. Mae'r dystiolaeth yn awgrymu bod Stryd Mynwy yn ganolfan farchnad y tu fa's i derfynau'r amddiffynfa mwnt a beili ym mhen uchaf y stryd.

Yno heddiw, gwelir Sgwâr Agincourt, sy'n cynnwys cofeb i'r arloeswr hedfan a moduro – Charles Rolls, mab ystad yr Hendre ar gyrion y dref. Y tu ôl i'r gofeb mae'r Neuadd Sirol lle bu arweinwyr y Siartwyr o flaen eu gwell

yn 1839. Ar wal y neuadd gwelir cofeb i Harri'r Pumed a aned yng nghastell Mynwy yn 1387.

Dim ond adfail bychan sy'n weddill o'r castell a godwyd yn y ddeuddegfed ganrif ar safle amddiffynfa syml gynharach. Gan fod Trefynwy yn gyswllt rhwng ardal Sacsonaidd Coedwig y Ddena *(Forest of Dean)* ac arglwyddiaethau Cymreig Gwent ac Erging, roedd yn bwysig i'r Normaniaid ei diogelu. Yn 1233, llwyddodd Llywelyn Fawr a'i gynghreiriaid i ddisodli cefnogwyr Harri'r Trydydd o Drefynwy. Y cyfnod mwyaf cyffrous yn hanes y castell oedd yn ystod y Rhyfel Cartref, pan newidiodd ddwylo deirgwaith. Yn dilyn hyn cafodd ei ddymchwel.

Defnyddiwyd y cerrig gan Farcwis Caerwrangon yn 1673 i adeiladu'r *Great Castle House* a osododd y safon ar gyfer arddull llawer o adeiladau eraill y dref. Dyma bencadlys y *Monmouthshire Royal Engineers*; nid yw'r prif adeilad yn agored i'r cyhoedd, ond mae adain yn cynnwys amgueddfa filwrol (01600 772175) sy'n cyfleu hanes y dref fel amddiffynfa ac sy'n rhoi argraff o'r ymgyrchoedd milwrol lle bu'r *Engineers* yn cynorthwyo. Mae'r amgueddfa yn agored rhwng 2:00 a 5:00 o'r gloch o fis Ebrill i fis Hydref, a rhwng 2:00 a 4:00 o'r gloch yn ystod y penwythnosau yn unig yn y gaeaf.

Yn Stryd y Prior y mae prif amgueddfa Trefynwy. Mae rhan o'r amgueddfa yn gasgliad o fân betheuach yn ymwneud â'r llyngesydd Nelson. Cywain y casgliad hwn oedd obsesiwn yr Arglwyddes Llangadog –

mam Charles Rolls. Talodd arian mawr am rai o'r eitemau – er enghraifft, £3250 yn 1916 am gasgliad o lythyrau gyda llofnod Nelson arnynt. Mae'n debyg bod llawer o ddeunydd ffug yn y casgliad, ond ystyrir bod bodolaeth y rheiny yn nodwedd o gwlt Nelson. Mae gwaith gan William Beatty yn rhoi *'the professional report on his lordship's wound'* ac efallai mai un o'r pethau mwyaf trawiadol yw'r saeth ar y wal sy'n dangos pa mor fyr oedd y llyngesydd.

Mae'r amgueddfa yn ganolfan hanes lleol hefyd, ac mae gwybodaeth am ddollau'r bont yn 1297 yn cael ei harddangos – ffyrling am bob eog ffres, dwy geiniog am bob llwyth o blwm a thair ceiniog am gasgenaid o fêl. Defnyddiwyd yr incwm i godi muriau a phyrth amddiffynnol eraill y dref. Mae casgliad diddorol o olygfeydd lleol mewn olew gan John Arthur Evans yno hefyd, a chist Trefynwy a wnaed o bren llwyfen yn 1697 ac sydd â thri chlo iddi. Rhag bod neb yn twyllo, rhannwyd y tair allwedd rhwng y maer a dau gynghorydd arall.

Mae casgliad diddorol o siopau bychain ac amrywiaeth da o dai bwyta yn Nhrefynwy, ac mae taith o amgylch y strydoedd yn rhoi cyfle i'r ymwelydd sylwi ar bensaernïaeth safonol llawer o'r adeiladau. Yn eu plith mae'r hen briordy Benedictaidd (sydd bellach yn hostel ieuenctid), yr ysgol fonedd *(Monmouth School)* a sefydlwyd yn 1614 trwy elusen William Jones, eglwys blwyf y Santes Fair a'r hen ladd-dai sydd i'w gweld o'r llwybr uwch afon Mynwy.

Rhaid croesi'r bont dros afon Gwy a dilyn yr heol sy'n arwain i Goedwig y Ddena er mwyn cyrraedd y lôn sy'n dringo ar y dde i'r Kymin. Mae'r safle yng ngofal yr Ymddiriedolaeth Genedlaethol ac oddi yno ceir golygfa helaeth dros y dref gyda'r Blorens, Bannau Brycheiniog, Pen-y-fâl, Ysgyryd Fawr a'r Mynyddoedd Duon i'w gweld tua'r gorllewin a'r gogledd-orllewin. Mae dau adeilad anghyffredin o ddiwedd y ddeunawfed ganrif ar y copa: y Tŷ Crwn a'r Deml Forwrol, sy'n coffáu llyngeswyr Lloegr. Daeth Nelson yma yn 1802 i asesu'r cyflenwad o goed addas ar gyfer adeiladu llongau; mae'n debyg iddo gael brecwast yn y Tŷ Crwn.

Gwlad y Tri Chastell

Ardal o fryniau a mân bentrefi sydd i'r gogledd o'r A40 rhwng y Fenni a Threfynwy, ond caiff ei chyflwyno i ymwelwyr fel 'gwlad y tri chastell' – Grysmwnt, Ynysgynwraidd a'r Castell Gwyn. Mae'r tri yng ngofal Cadw ac mae mynediad i'r ddau gyntaf yn rhad ac am ddim.

Datblygwyd y cestyll gan Hubert de Burgh rhwng 1201 ac 1239, wedi iddo dderbyn arglwyddiaeth y tri chastell gan y brenin John. Ond roedd amddiffynfeydd Normanaidd symlach ar y safleoedd cyn hynny. Cryfhawyd y cestyll adeg cyrchoedd Llywelyn ap Gruffydd ac fe'u defnyddiwyd am y tro olaf fel amddiffynfeydd rhag Glyndŵr.

Gellir cyrraedd pentref y Grysmwnt yn hwylus oddi ar yr A465 rhwng y Fenni a Henffordd. Pentref y ffin yw hwn, ar godiad tir uwch afon Mynwy ac wrth droed bryncyn y Graig. Mae

Gwent

Ward Mewnol y Castell Gwyn

Castell y Grysmwnt

Eglwys Sain Niclas yn llawer mwy o faint na'r disgwyl ar gyfer pentref mor fach; adlais o statws y Grysmwnt fel bwrdeistref ganoloesol, a dyna hefyd pam fod neuadd dref yma. Mae llwybr yn dringo'n raddol o'r pentref i safle dymunol adfeilion y castell.

Heol B4347 sy'n ein tywys o'r Grysmwnt i Ynysgynwraidd. Mae'r castell yno ar lawr y dyffryn, ynghanol y pentref ac ar lan afon Mynwy. Mae eglwys fechan Sain Ffraid, abades Cill Dara yn Iwerddon, yn adeilad trawiadol gyda'i dŵr cadarn sydd hefyd yn golomendy. Ymhlith nodweddion diddorol eraill yr eglwys mae allor garreg, cochl felfed o'r bymthegfed ganrif a chorau pren amrywiol. Ar fin y brif heol heibio i'r pentref, saif melin ddŵr sydd â'i holwyn yn cael ei throi gan ddyfroedd afon Mynwy.

Y Castell Gwyn yw'r unig un o'r tri chastell sydd heb fod mewn pentref. Mae hwn ynghanol y wlad, i'r gorllewin o Ynysgynwraidd ac i'r gogledd o Landeilo Gresynni – pentref sy'n hawdd ei ganfod oherwydd tŵr pigfain Eglwys Teilo. Efallai mai'r arglwydd lleol, Gwyn ap Gwaethfoed, roddodd ei enw i'r safle yn wreiddiol, ond tyrau Normanaidd sydd i'w dringo yma heddiw gan gynnig golygfeydd ardderchog.

Safle diddorol ar gyrion gogleddol pentref Llandeilo yw'r Hen Gwrt (SO 396151). Ynys sgwâr sydd yma, wedi ei hamgylchynu â ffos. Hon fyddai safle gweinyddol esgob Llandaf yn yr ardal yn yr Oesoedd Canol. Yn ddiweddarach, daeth yn ganolfan hela.

Rhaglan

Y castell canoloesol sydd yng ngofal Cadw fydd yn denu ymwelwyr i Rhaglan, ond mae'r pentref ei hun yn ddiddorol hefyd. Mae dwy o'r tafarnau yn hen: y *Beaufort Arms* a oedd yn bwysig yng nghyfnod y goets a'r ceffylau, a'r *Ship Inn* (gynt y *Sheep Inn)* ger lleoliad arwerthu defaid.

Yn Eglwys Sant Cadog, mae ffenestr sy'n coffáu'r Arglwydd Rhaglan cyntaf fu'n ysgrifennydd milwrol i Ddug Wellington a gollodd ei fraich yn Waterloo ac a laddwyd yn y Crimea. Ar ei ôl ef yr enwyd côt fawr Rhaglan â'i llawes arbennig.

O'r pentref, rhaid croesi'r briffordd (A40) er mwyn cyrraedd y castell, sy'n enghraifft arbennig o balas oedd hefyd yn amddiffynfa. Un o rannau cynharaf y castell yw'r Tŵr Melyn hecsagonaidd sydd ynghanol y ffos. Cyfnod cyntaf yr adeiladu oedd rhwng 1435 ac 1469, ac yna bu aelodau diweddarach teulu'r Herbertiaid yn ychwanegu at y castell hyd at 1589. Gydag ychwanegiad megis y brif fynedfa (y Gât Wen) ar y rhodfa ar lan y ffos, daeth arddull cyfnod y Dadeni i'r palas.

Yr unig gyfnod pan fu raid i'r castell wrthsefyll ymosodiad oedd yn ystod y Rhyfel Cartref, pan dalodd Iarll Caerwrangon bris uchel am ei gefnogaeth i'r brenin. Bu ei gastell dan warchae a'r muriau'n cael eu pwnio'n ddidrugaredd gan y taflyddion mortar. Ildiwyd y castell ym mis Awst 1646 ac ni fu neb yn byw ynddo ers hynny. Ar achlysuron arbennig, mae'r gwarchae yn cael ei ail-greu dan drefniant Cadw.

Gwent

Gan fod y castell ar godiad tir, ceir golygfeydd ardderchog o'r muriau uchaf. Roedd cynllun y palas yn cynnwys gerddi terasog a lawnt fowlio hefyd, sydd heddiw'n rhannau godidog o'r safle.

Castell Rhaglan

De Sir Fynwy: Cas-gwent a Brynbuga

Yn y bennod hon, rhown sylw i rannau deheuol dyffrynnoedd Wysg a Gwy: rhai o'r pentrefi bychain ar y rhwydwaith o heolydd gwledig sy'n plethu'r ardal rhwng y ddau ddyffryn; hefyd, coridor yr M4 i'r dwyrain o Gasnewydd a'r arfordir yng nghyffiniau Cas-gwent.

Brynbuga

Lleolir Brynbuga *(Usk)* yn agos i ganol daearyddol Gwent ac mae'r dref yn ganolfan gyfleus ar gyfer teithio'r fro. Ei lleoliad fel cyrchfan hwylus sy'n egluro pam oedd pum tolldy a chymaint ag ugain o dafarnau yma yn 1851 – un ar gyfer pob 70 o boblogaeth y dref. Mae nifer o'r hen dafarnau wedi goroesi hyd heddiw, gan gynnwys y *Three Salmons.* Yn ôl Arthur Machen, er mwyn cael gafael ar beth o ddoethineb y Silwriaid, dylid gwario '*a few hours and a little money at the Salmons, taking the seat between the fire and the window which looks out on a fair open space'.*

Y prif le agored ym Mrynbuga heddiw yw Sgwâr y Twyn, gyda'r cloc bychan a'r tŵr rhwng safle'r castell i'r gogledd a'r porth Normanaidd i'r de fu unwaith yn fynedfa i leiandy Benedictaidd, ond sydd bellach yn arwain at eglwys y plwyf. Mae cofeb yn yr eglwys i'r croniclwr Adda o Frynbuga *(Adae de Usk)* a gofnododd fanylion gwerthfawr am gyfnod Glyndŵr.

Trwy fisoedd yr haf, mae'r sgwâr yn llwythog o flodau. Felly hefyd erddi bychain nifer o'r tai yn y strydoedd cyfagos, megis Stryd yr Eglwys. Mae'r gweithgaredd blynyddol hwn yn adlewyrchu brwdfrydedd y trigolion yn y gystadleuaeth 'Cymru yn ei Blodau'. Bu Brynbuga yn llwyddiannus sawl tro.

Stryd y Bont yw prif stryd y dref ac ynddi ceir nifer o dai bwyta a siopau hen bethau. Yn ei phen gorllewinol, mae pont dros afon Wysg, llwybrau cerdded hyd glan yr afon a lle chwarae i blant ar y lan bellaf. Mae'r afon yn eithaf bas a thawel yma a bydd ymdrochwyr ynddi ar ddyddiau twymaf yr haf. *The Island* yw'r enw lleol ar y lle chwarae ar y lan orllewinol, ac awgrymir bod cerddwyr yn cerdded oddi yma i Lanbadog gan ddilyn yr afon tua'r de neu i'r Coed-duon a Chraig yr Allt.

Wrth droi i'r chwith o Stryd y Bont cyn cyrraedd yr afon, cyrhaeddir New Market Street sy'n arwain at safle neuadd y dref, ac sydd hefyd yn cynnwys yr ysguboriau lle mae Amgueddfa Bywyd Gwledig Gwent (01291 673777). Bydd yr amgueddfa yn agored rhwng mis Ebrill a mis Hydref, o 10:00 tan 5:00 yn ystod yr wythnos ac o 2:00 tan 5:00 ar ddydd Sadwrn a dydd Sul. Derbynnir ymweliadau trwy drefniant yn y gaeaf. Mae'r amgueddfa yn portreadu bywyd gwledig rhwng 1800 ac 1945 trwy gyfrwng casgliad o offer sy'n adlewyrchu gwaith y crydd, y sadler, y saer, y melinydd, y llaethdy, y fferm a'r gegin.

Trwy drefniant yn unig, mae'n bosibl ymweld â'r castell ym Mrynbuga sydd yn eiddo i berchenogion Castle House. Maent yn agor eu gerddi i'r cyhoedd yn achlysurol hefyd, trwy'r cynllun gerddi cenedlaethol. Cadarnle Normanaidd oedd y castell, ond fe'i cipiwyd gan Hywel ab Iorwerth, Arglwydd Caerllion, yn 1174. Yn 1405 ceisiodd Gruffudd, mab Glyndŵr, oresgyn y castell ond trechwyd ei filwyr gyda cholledion difrifol ym mrwydr Pwll Melyn ychydig i'r gogledd. Y tu ôl i'r castell mae llwybrau sy'n arwain i Cockshoot Wood a Ladyhill Wood ac oddi yno gellir dilyn nant Cayo yn ôl i afon Wysg.

Roedd Brynbuga *(Burrium)* yn ganolfan Rufeinig gynnar hefyd, ac mae'n debyg mai yma y lleolwyd eu garsiwn cyn datblygiad Caerllion.

Heddiw, prif gadarnle'r dref yw'r carchar sydd yn Stryd Maryport. Cafodd ei adeiladu yn 1842 i gynnal 200 o garcharorion yn ôl egwyddorion carchar Pentonville, lle cedwid pawb ar wahân ac mewn tawelwch. Mewn *house of correction* cynharach ym Mrynbuga y carcharwyd y Jesiwit a'r merthyr David Lewis cyn ei grogi ar lan afon Wysg yn 1679. Bod yn offeiriad mewn urddau a roddwyd iddo mewn gwlad dramor oedd ei drosedd. Sancteiddiwyd David Lewis gan eglwys Rhufain yn 1929 ac mae eglwys gatholig Brynbuga wedi ei chysegru yn enw Sant Ffransis Xavier a Sant David Lewis. Trefnir pererindod i'w goffáu ar y dydd Sul olaf ym mis Awst.

Hefyd yn Stryd Maryport mae'r Tŷ Sesiynau a gomisiynwyd yn 1857 ac a fu'n llys chwarter ac yn llys ynadon. Yna, fe'i defnyddiwyd gan Goleg Gwent. Mae cynlluniau i adfer yr adeilad a'r gerddi ac fe groesawir ymwelwyr.

Rhwng Tryleg a Llan-gwm

Mae ardal wledig helaeth yn gorwedd mewn triongl rhwng Brynbuga, Trefynwy a Chas-gwent. Ceir golwg dda o'r ardal wrth deithio ar hyd y B4293 o Gas-gwent i Drefynwy. Mae'r heol yn dringo hyd at 800 o droedfeddi erbyn cyrraedd Devauden ac yn aros ar y tir uchel wrth groesi'r *Cobbler's Plain* ac ymlaen trwy Lanisien i Dryleg.

Rhwng y *Cobbler's Plain* a Llanisien, ceir golygfeydd eang dros y gwastatir tua'r gorllewin i gyfeiriad Rhaglan a Brynbuga, ac mae'r heol yn disgyn yn serth oddi yma i gyfeiriad Llanfihangel Torymynydd, Llan-soe a Llandenni.

Heol arall sy'n croesi'r ardal hon yw'r B4235 sy'n cadw at y tir isel rhwng Cas-gwent a'r Drenewydd Gellifarch *(Shirenewton)* ac ymlaen i Langwm. Yn y bryniau isel rhwng y B4235 a Devauden mae treflannau'r Eglwys Newydd ar y Cefn *(Newchurch)*, Cilgwrrwg a'r Drenewydd Dan-y-gaer, a adnabyddir hefyd fel Llanwynell *(Wolvesnewton)*.

Ni ellir dod o hyd i'r cilfachau diddorol sydd yn yr ardal hon heb fap eithaf manwl, ond fe nodir rhai ohonynt yn gryno yma.

Mae pentref Tryleg yn nodedig am y meini hirion o'r Oes Efydd a adnabyddir fel Cerrig Harold (SO 499501). Saif y tair carreg mewn cae ar fin yr heol ychydig i'r de o'r pentref. Prin iawn yw enghreifftiau o feini hirion wedi eu gosod mewn rhes fel hyn yn ne-ddwyrain Cymru. Mae olion castell mwnt a beili yn agos i eglwys y pentref (SO 500054) ac fe ffynnodd tref sylweddol yma yng nghyfnod y Normaniaid. Ar ddechrau'r bedwaredd ganrif ar ddeg, roedd Tryleg ymhlith yr wyth tref fwyaf yng Nghymru. Hyn sy'n egluro maint anghyffredin yr eglwys mewn pentref mor fychan. Yn y fynwent, gwelir croes ganoloesol wedi ei gosod ar gerrig anferth. Yr olaf o hynodion Tryleg yw'r ffynnon rinweddol sydd mewn cae ar y chwith ger yr heol o Dryleg i Dyndyrn (SO 503051). Mae ei dŵr yn gyfoethog mewn haearn. Sefydlwyd ysgol gynradd newydd yn Nhryleg er mwyn i bump o ysgolion bychain eraill yn yr ardal gael eu cau.

Gwinllan a bwchadanas sy'n denu ymwelwyr i fferm Cwrt-y-Brychan (SO 448016) sydd ar y chwith wrth ddisgyn o Lanisien i Lan-soe. Mae'r safle yn agored rhwng canol mis Mai a chanol mis Medi, o 2:00 tan 5:00 ar ddydd Sul, ac o 11:00 tan 5:00 ar ddydd Mercher, dydd Iau a dydd Sadwrn (01291 650366). Yr ochr arall i Lan-soe yn ardal Gwernesni mae clwb gleidio'r de-ddwyrain yn cwrdd (SO 416025). Ar eu dyddiau agored, caiff ymwelwyr roi cynnig ar hedfan yng nghwmni aelod profiadol o'r clwb.

Ym mhlwyf Llan-gwm, datblygodd canolfan bentref newydd wrth i'r doll-ffordd (B4235) a adeiladwyd yn 1830 fynd heibio i'r ddwy eglwys blwyf sydd o fewn hanner milltir i'w gilydd — Eglwys Sant Ioan (SO 429006) ac Eglwys Sant Jerome (S0 434006). Yr ail o'r rhain yw eglwys Llan-gwm Uchaf ac ynddi mae sgrîn hynod o bren golau sy'n dyddio o'r bymthegfed

ganrif, a'i cherfiadau yn cynnwys patrwm sy'n seiliedig ar ddail derw. Yn Nhre-fela yn y plwyf hwn (ST 425980) y magwyd Walter Cradock, Piwritan a oedd yn un o brif gefnogwyr Cromwell yng Nghymru ac a weithiodd dros anghydffurfiaeth yn y de-ddwyrain.

Caer-went a Phen-hw
Er mai'r olion Rhufeinig sy'n rhoi enwogrwydd i bentref Caer-went, safle pwysig arall yn y cyffiniau yw bryn-gaer Llanmelin (ST 461925). Defnyddiwyd y safle gan y Silwriaid o'r drydedd ganrif cyn Crist hyd at ddyfodiad y Rhufeiniaid. Amddiffyn-nwyd y prif gadarnle yma gan ddau neu dri bancyn sydd â'u holion i'w gweld yn glir. Er mwyn cyrraedd y safle diddorol hwn, rhaid croesi'r A48 o Gaer-went i gyfeiriad Llanfair Isgoed a chadw i'r dde yn y fforch gyntaf nes cyrraedd fferm Llanmelin Fawr. Oddi yno, mae llwybr yn arwain at y gaer sydd yng Nghoed Llanmelin.

Yn ôl tystiolaeth archeolegol, rhoddwyd y gorau i ddefnyddio caer Llanmelin wedi dyfodiad y Rhufeiniaid. Mae hyn yn gyson â'r syniad bod tref gaerog Caer-went *(Venta Silurum)* wedi ei datblygu fel canolfan lle rhoddwyd caniatâd i'r brodorion Silwraidd, er eu bod wedi eu gorchfygu, i sefydlu a threfnu eu cymuned eu hunain oddi mewn i fframwaith y gyfundrefn Rufeinig.

Mae cloddio yng Nghaer-went wedi dangos bod *Venta* wedi ei sefydlu yno yn gynnar yn yr ail ganrif O.C., sydd yn awgrymu na fu'r Silwriaid dan drefn gaeth filwrol y Rhufeiniaid am gyfnod rhy faith, ac iddynt ennill yr hawl i hunanreolaeth yn *Venta*.

Yng Nghaer-went, ceir yr enghraifft orau ym Mhrydain o amddiffynfeydd tref Rufeinig. Tua milltir yw hyd cylchdaith o amgylch y muriau ac wrth gerdded y tu allan i'r muriau gellir sylwi ar eu maint. Y mur gogleddol yw'r lleiaf trawiadol, a gellir byrhau'r daith trwy gerdded yr hanner deheuol yn unig a dychwelyd ar hyd y brif heol trwy ganol y pentref. Oddi ar yr heol honno gellir gweld olion siopau a gefail y gof yn Pound Lane, teml Rufeinig-Geltaidd a'r fforwm-basilica a fyddai'n ganolbwynt i fywyd cyhoeddus y dref.

Saif Eglwys San Steffan a Sain Tathan mewn llecyn amlwg yn rhan ddeheuol y dref. Perthyn i'r drydedd ganrif ar ddeg y mae ei rhannau hynaf, ond yn ei chyntedd mae allor i Mars-Ocelus a charreg gydag arysgrif arni sy'n cyfeirio at Paulinus, un o brif swyddogion y Rhufeiniaid ac sydd yn ei deuddeg llinell yn cynnwys tystiolaeth bwysig am statws *Venta Silurum*.

Wrth ddilyn yr hen ffordd Rufeinig (nawr yr A48) i'r gorllewin o Gaer-went, cyrhaeddir ardal Pen-hw. Ar fryncyn i'r de o'r briffordd saif eglwys a chastell sydd o darddiad Normanaidd. Mae'n debyg fod yr eglwys wedi cael ei chysegru yn wreiddiol i abad St Maur ac o hynny y deilliodd yr enw teuluol Seymour a roddwyd yn ei dro i dreflan Parc Seymour, sy'n rhan o blwyf Pen-hw.

Stephen Weeks yw perchennog castell Pen-hw heddiw. Mae'r castell bellach wedi ei ddatblygu fel cyrchfan i ymwelwyr trwy adfer yr ystafelloedd a pharatoi tapiau sain amrywiol sy'n cynnwys deunydd ar gyfer plant yn ogystal â'r *Cook's Tour* a'r *Concert Tour*. Honnir taw castell Pen-hw yw'r hynaf yng Nghymru sydd â rhywun yn byw ynddo heddiw. Mae'n bosibl i ymwelwyr letya yn ystafell Lutyens yn y castell. Yr amserau agor yw o 10:00 tan 5:00 o ddydd Mercher hyd ddydd Sul rhwng y Pasg a diwedd mis Medi, a phob dydd ym mis Awst. Dim ond ar ddydd Mercher a rhai prynhawniau Sul y bydd y castell yn agored yn y gaeaf (01633 400800).

Ychydig i'r dwyrain o gastell Pen-hw mae heol gul yn arwain tua'r de i Lansanffraid Is-gwent *(St Brides Netherwent)*. Yma, ger safle pentref canoloesol, mae eglwys blwyf a rhwydwaith o lwybrau yn cysylltu Pen-hw, Comin-y-coed a Carrow Hill.

Wrth barhau ar hyd yr heol wledig hon cyrhaeddir Magwyr *(Magor)*. Oddi yno, heibio i'r Gwndy *(Undy)* mae'r ffordd yn arwain tua'r dwyrain i Caldicot.

Caldicot a'r Arfordir

Ailddatblygwyd canol tref Caldicot i fod yn ganolfan siopa fechan, hwylus ond cwbl ddigymeriad. Yr unig ardal ddiddorol yw honno ble saif rhai o'r adeiladau hŷn yng nghyffiniau'r castell ac eglwys y plwyf. Tyfodd y dref yn sylweddol yn ail hanner y ganrif ddiwethaf, adeg adeiladu twnnel y rheilffordd dan afon Hafren a datblygu iardiau *rolling stock* gerllaw yn *Severn Tunnel Junction*. Cafwyd twf pellach yn y maestrefi yn ail hanner y ganrif hon wrth i draffordd yr M4 a phontydd Hafren roi i Caldicot fanteision fel safle i deithio ohono i'r gwaith yng Nghasnewydd neu Fryste.

Mae castell Caldicot yn rhannu nifer o nodweddion â chastell Caerdydd, gyda mwnt Normanaidd cynnar a muriau a thyrau allanol wedi eu hychwanegu'n ddiweddarach a'u hadfer ddiwedd y ganrif ddiwethaf. J R Cobb fu'n gyfrifol am waith sylweddol adfer y castell, wedi iddo ei brynu yn 1885. Ers 1963, y cyngor lleol sy'n gyfrifol am yr adeilad ac am y parc gwledig sylweddol sydd o'i amgylch.

Oddi mewn i'r castell, arddangosir casgliad o ddillad, celfi ac offer crefftwyr ac mae rhai eitemau yn gysylltiedig â llong y *Foudroyant* o lynges Nelson. Mae tapiau sain ar gael sy'n adrodd hanes y castell a'i gynnwys mewn modd diddorol dros ben. Yn y neuadd fawr, darperir gloddestau canoloesol gyda'r nos. Mae'r castell yn agored rhwng mis Mawrth a mis Hydref o 10:30 tan 5:00, ond dim ond o 1:30 tan 5:00 ar ddydd Sul (01291 420241). Ceir mynediad i'r parc gwledig o amgylch y castell drwy gydol y flwyddyn. Llifa nant Neddern drwyddo a daw elyrch Bewick yma yn y gaeaf. Mae lle chwarae i blant wrth fynedfa'r parc. O fewn tafliad carreg mae Eglwys y Forwyn Fair gyda rhai rhannau ohoni yn dyddio o'r drydedd ganrif ar ddeg.

Wrth ddilyn yr heol o Caldicot i gyfeiriad Cas-gwent, cyrhaeddir Porth Sgiwed *(Portskewett)* lle mae troad i'r dde yn arwain at Sudbrook. Yno, adeiladwyd nifer helaeth o'r tai, yn ogystal â siop, llythyrdy, ysgol, capel

ac ysbyty bychan, gan Thomas Walker ar gyfer y gweithwyr a adeiladai'r twnnel trên dan afon Hafren rhwng 1877 ac 1886.

Yr hyn sydd amlycaf yma heddiw yw'r felin bapur, ond ymhellach ymlaen mae'n bosibl croesi trac rheilffordd a chyrraedd heol arw sy'n arwain at le parcio a maes chwarae bychan i blant. Y tu hwnt i'r parc mae safle crongaer o'r Oes Haearn (ST 505873). Mae hon yn union uwchben aber afon Hafren, wedi ei lleoli er mwyn gwarchod y groesfan orau, yr *'old passage'* rhwng Porth Sgiwed ac Aust. Erydwyd rhan helaeth o'r gaer wreiddiol, ond mae bancyn amddiffynnol uchel i'w weld o hyd. Heddiw, mae'r gaer yn safle gwych ar gyfer cael golwg agos ar yr ail bont dros afon Hafren. Yn y trioedd canoloesol, ystyrir Porth Sgiwed ymhlith y tri phorthladd pwysicaf yng Nghymru.

Hanner milltir yn uwch na Sudbrook ar hyd yr aber, gwelir safle picnic *Black Rock* (ST 514882). Gellir ei gyrraedd trwy ddychwelyd i Borth Sgiwed a throi i'r dde oddi ar yr heol oddi yno i Gas-gwent hefyd. Gellir gweld y ddwy bont dros afon Hafren o'r safle, ac yn y gaeaf mae glannau'r afon yn denu rhydwyr ac adar y dŵr. Mae grisiau yn arwain o'r safle picnic i lan yr afon. Cyn cyfnod y twnnel trên, o'r fan yma yr hwyliai'r fferi am Loegr a gellid lletya yn y gwesty sylweddol *Black Rock House* a ddymchwelyd yn 1970. Gellir cerdded ar hyd yr arfordir yr holl ffordd oddi yma hyd at Allt Euryn ar gyrion Casnewydd, gan ddefnyddio'r morglawdd sy'n

Gwent

Sgwâr y Twyn, Brynbuga

Castell Pen-hw

gwarchod tiroedd isel, gwlyb Morfa Gwent (y *Caldicot Levels*).

Cas-gwent a Matharn

Y prif rybudd y dylid ei roi i unrhyw un sy'n ymweld â Chas-gwent yw hwnnw a roddwyd gan Edward Davies yn 1784 yn ei gerdd sy'n nodi pa mor serth yw'r brif stryd:

> The long descent so rugged is and steep,
> That even post-boys here for safety creep;
> In this snug town good meat and drink abound,
> But, strange to tell, there cannot here be found
> One single inch of horizontal ground.

Os oes mannau gwastad yma, mae'r rheiny yn rhan isaf y dref sy'n troi i'r dde yng ngwaelod Stryd y Bont ar hyd glannau afon Gwy lle'r oedd porthladd pwysig ar un adeg, fel ag a ddarlunnir ar waelod y *bandstand* sydd yn y *Riverside Gardens.* Yng nghysgod yr helygen gyferbyn, mae cofeb i'r Siartwyr a drawsgludwyd oddi yma liw nos ar y llong-ager *Usk.* Ymhellach i lawr yr afon eto roedd glanfeydd y *Packet Slip* a'r *Town Slip* ac mae ambell warws a'r Tŷ Tollau yn adleisio'r fasnach a fu.

Yng ngwaelod Stryd y Bont, mae'r bont dros afon Gwy a gynlluniwyd gan John Rennie ac a gwblhawyd yn 1816. Ar ei chanol, nodir y ffin rhwng Cymru a Lloegr ac oddi yno gwerthfawrogir safle'r castell a gaiff ei lif-oleuo gyda'r nos. Gall fod cymaint â 45 troedfedd o wahaniaeth rhwng lefel y dŵr ar lanw

a thrai yma ac mae'n debyg fod hyn yn ail i Fae Mundy yn Nova Scotia.

Yn rhan uchaf y dref gwelir safle diddorol Porth y Dref, a rhiw serth y Stryd Fawr yn arwain at Sgwâr Beaufort a fu'n ganolfan marchnad a ffair. Mae elusendai Powis a Montague o boptu rhan uchaf Stryd y Bont ac mae Stryd Uchaf yr Eglwys yn arwain at Eglwys y Santes Fair sydd ar safle priordy cynharach. Mae Stryd Isaf yr Eglwys yn cynnwys bythynnod sy'n nodweddiadol o gartrefi gweithwyr y ganrif ddiwethaf.

Mewn tŷ trefol sylweddol o'r ddeunawfed ganrif, Tŷ Gwy, y lleolir Amgueddfa Cas-gwent (01291 625981) sy'n dehongli hanes a datblygiad y dref a'r cyffiniau. Mae masnach gwinoedd, adeiladu llongau a physgota eog ymhlith y gweithgareddau pwysicaf ac fe ailgrewyd ystafell ysgol a ffenestri siopau. Mae'r amgueddfa yn agored o 11:00 tan 1:00 ac o 2:00 tan 5:00 trwy gydol y flwyddyn o ddydd Llun i ddydd Sadwrn, ond yn y prynhawniau yn unig ar ddydd Sul.

Mae castell Cas-gwent yng ngofal Cadw (01291 624065). Dyma un o'r cestyll pwysicaf a mwyaf diddorol, a'r mwyaf trawiadol efallai yn ne Cymru. Mae'r gell fewnol a adeiladwyd gan William fitzOsbern rhwng 1067 ac 1071 yn un o weithiau carreg cynharaf y Normaniaid ym Mhrydain. Ychwanegwyd at hwn gan arglwyddi Cas-gwent a oedd ymhlith y cryfaf o arglwyddi'r Mers. Cryfhawyd y castell yn sylweddol gan William Marshall rhwng 1189 ac 1219 yn dilyn ei briodas ag aeres y castell, Isabella de

Clare. Yn y tŵr cadarn sydd i'r de o'r brif fynedfa, carcharwyd Henry Marten o 1660 i 1680 am ei ran yn trefnu dienyddiad y brenin Charles y Cyntaf. Cyfnod y Rhyfel Cartref oedd yr unig adeg pryd y bu ymladd dros y castell.

Mae llwybr a adnabyddir fel y *Castle Dell* yn dilyn ochr y castell drwy'r parc cyn dringo'n ôl at ran uchaf y dref. Mae yno faes chwarae bychan i blant yn union y tu allan i'r rhannau o fur y dref a elwir *Port Wall*, a'r tu mewn i'r muriau mae maes parcio cyfleus.

Atyniad arall o bwys yng nghyffiniau Cas-gwent yw'r cae rasio ceffylau sydd ar y dde i'r A466 rhwng Cas-gwent a Saint Arfan. Cynhaliwyd rasys ceffylau yma am y tro cyntaf ym mis Awst 1926, er bod y gwaith ar yr eisteddle a'r cwrs heb ei gwblhau oherwydd y streic gyffredinol. Ymhlith prif ddigwyddiadau y calendr rasio mae'r *Grand National* Cymreig.

Sefydlwyd y cwrs ar dir ystad Piercefield. Mae adfail y plasty a'i stablau i'w gweld ar y codiad tir sydd i'r gorllewin o'r maes rasio. Yng nghyfnod Valentine Morris a'i fab, perchenogion Piercefield o 1740 hyd 1784, datblygwyd llwybrau cerdded o'r plasty a mannau cyfleus i fwynhau'r golygfeydd uwch dyffryn Gwy. Oherwydd hyn, sefydlwyd enw'r ystad fel man ffasiynol ar gyfer ymweliadau gan fân aristocratiaid, a dyna ddechreuad y diwydiant twristiaid presennol. Bu Valentine Morris yn ddylanwadol yn natblygiad tollbyrth yr ardal. Roedd yn frwd dros wella ansawdd y ffyrdd. Un tro, atebodd gwestiwn ynghylch sut oedd pobl yn teithio yn sir Fynwy: 'Mewn ffosydd,' meddai.

Y plwyf i'r de o Gas-gwent yw Matharn. Am gyfnod, dyma leoliad palas esgob Llandaf ac mae eglwys y plwyf wedi ei chysegru i Sant Tewdrig. Mae'n debyg fod cyfnod pan gyrhaeddai'r môr y pwll hir sydd bellach yn rhan o gwrs golff St Pierre ac felly y daeth safle maenoraidd *Moynes Court* (ST 520909) yn bwysig.

Trosglwyddwyd y maenordy i berchenogaeth esgobaeth Llandaf ac fe godwyd palas esgobol ger yr eglwys. Yma roedd yr esgobion yn byw rhwng tua 1330 a chyfnod y Rhyfel Cartref. Bu'r esgob William Morgan yn byw yma rhwng 1595 ac 1601, cyn iddo symud i esgobaeth Llanelwy. Roedd eisoes wedi cyhoeddi ei Feibl Cymraeg yn 1588, ond yn ystod ei gyfnod yn Llandaf bu'n diwygio ei gyfieithiad o'r Testament Newydd ac yn paratoi argraffiad newydd o'r Llyfr Gweddi. Mae'n siŵr fod tipyn o'r gwaith hwn wedi ei gyflawni ym mhalas Matharn.

Tyndyrn a Dyffryn Gwy

Rhaid amseru ymweliad yn ofalus os am osgoi'r tyrfaoedd sy'n gwibdeithio fesul bysaid i abaty Tyndyrn.

Mae angen dewis amser tawel i ymweld â'r abaty os am synio, fel y gwnaeth Alun yn ei addasiad o gerdd Saesneg i'r safle,

> Pa sawl gwaith, ar wawr a gosber,
> Swniai'r gloch ar hyd y glyn?
> Pa sawl ave, cred, a phader
> Ddwedyd rhwng y muriau hyn?

Pan y'i sefydlwyd yn 1131 gan Walter

de Clare, Arglwydd Cas-gwent, Tyndyrn oedd abaty cyntaf y Sistersiaid yng Nghymru. Ffynnodd wrth dderbyn daliadau tiroedd yng Ngwent a sir Gaerloyw ac ychwanegwyd at yr adeiladau ym mhob canrif hyd at y dadsefydlu yn 1536. Oherwydd ei leoliad ymylol, ni ddioddefodd yn ystod cyrchoedd gwrthryfelgar y Cymry, fel ag y gwnaeth abatai Margam, Nedd a Nant Hodni yn yr Oesoedd Canol.

Rhan fwyaf trawiadol yr abaty yw'r eglwys fawr a godwyd rhwng 1269 ac 1301, ac sy'n sefyll bron yn union fel ag yr oedd ar wahân i ddiffyg to a gwydr yn y ffenestri. Ond mae olion sylweddol ffreutur y mynaich a'r brodyr lleyg, siambrau, ysbyty, neuadd a siambr yr abad hefyd yn rhoi syniad da o drefn bywyd yr abaty.

Yn ystod diwedd y ddeunawfed ganrif, daeth dyffryn Gwy yn gyrchfan boblogaidd i deithwyr rhamantaidd yr oes. Roedd muriau Tyndyrn dan drwch o iorwg bryd hynny, ac felly y'i darluniwyd gan Turner. Ymwelydd enwog arall oedd Wordsworth, a ysgrifennodd ei 'Lines written above Tintern Abbey' wrth deithio yn ôl o Gas-gwent i Fryste:

> Once again
> Do I behold these steep and lofty cliffs,
> That on a wild secluded scene impress
> Thoughts of more deep seclusion; and connect
> The landscape with the quiet of the sky.

Mae'r safle yng ngofal Cadw heddiw, gydag oriau agor helaeth o 9:30 y bore hyd 6:30 y nos bob dydd o ddiwedd mis Mawrth hyd ddiwedd mis Hydref. Yn y gaeaf, bydd yn cau am 4:00 y prynhawn, ac am 11:00 y bore yr agorir ar ddydd Sul (01291 689251).

Mae pentref Tyndyrn gyda'i siopau llyfrau ail-law drud a'i nwyddau twristaidd yn adlewyrchu natur y llif o ymwelwyr. Ychydig i'r gogledd o'r abaty mae safle hen borthladd bychan y pentref a fu'n brysur yn y cyfnod pan gludid haearn, seidr a rhisgl derw oddi yno i Fryste. Ychydig i fyny'r dyffryn, mae pont sy'n croesi afon Gwy gan roi cyfle i deithwyr weld yr abaty o lannau dwyreiniol yr afon.

Tua hanner milltir i gyfeiriad Trefynwy mae safle hen orsaf Tyndyrn, sydd bellach yn cynnwys canolfan ymwelwyr sydd yn agored bob dydd o ddechrau mis Ebrill hyd ddiwedd mis Hydref, rhwng 10:30 y bore a 5:30 y prynhawn (01291 689566). Mae yma hen gerbydau rheilffordd, arddangosfa fechan o hanes rheilffordd dyffryn Gwy, arddangosfa crefftau, safle picnic ac ystafell lle darperir prydau ysgafn. Ar adegau, mae modelau o drenau yn rhedeg ac yn yr haf trefnir gweithgareddau i blant ar ddyddiau penodol. Mae'r hen orsaf yn fan cychwyn cyfleus ar gyfer nifer o deithiau cerdded byrion o boptu afon Gwy.

Ynghanol y pentref mae llwybr y Tintern Trail yn cychwyn, gan ddringo gyda'r nant i hen waith haearn Angiddy cyn croesi'n ôl at adfail Eglwys y Santes Fair sy'n safle braf ar gyfer gweld yr abaty yn y dyffryn islaw.

Man cerdded poblogaidd arall yw Coed Wyndcliff. Mae'n bosibl cychwyn y daith fer, gyffrous hon o faes parcio rhwng Tyndyrn a Chas-gwent neu o safle uwch ar yr heol o Saint Arfan i Wyndcliff. Un o'r safleoedd trawiadol yw Nyth yr Eryr a luniwyd ar gyfer Dug Beaufort er mwyn i hwnnw gael man cyfleus i fwynhau'r olygfa dros ddyffryn Gwy, creigiau *Wintours Leap*, aber afon Hafren a draw at fryniau Cotswold a Mendip. Oddi yno rhaid disgyn trwy gymorth 365 o risiau er mwyn parhau'r daith heibio i hen chwarel yn agos i'r briffordd.

I'r gogledd o Tyndyrn mae pentref Llandogo, sydd eto mewn ardal goediog, gyda llwybrau cerdded yn *Whitestone* i'r de o'r pentref, a *Manor Wood* i'r gogledd. Bu adeg pan oedd Llandogo yn borthladd hefyd, a llawer o'r trigolion yn adeiladwyr badau, gan arbenigo yn y *trow* â'i waelod gwastad. Uwchben y pentref mae ardal o ddiddordeb naturiaethol arbennig, sydd yng ngofal Ymddiriedolaeth Cadwraeth Gwent ac ymhellach i fyny'r bryn mae neuadd Cleddon lle ganed Bertrand Russell. Roedd rhieni Russell, Arglwydd ac Arglwyddes Amberley, yn bur amhoblogaidd yng ngolwg teuluoedd parchus yr ardal am eu bod o flaen eu hamser gyda'u syniadau am hawliau pleidleisio i ferched, egwyddorion atal cenhedlu, hawliau cyfartal a chynghrair i'r cenhedloedd. Arferai'r Bertrand ifanc deithio gyda'i fam i Drefynwy i ddysgu ffisioleg oddi wrth gigydd lleol.

Castell Cas-gwent

Teithiau Hir a Manylion am Lwybrau Cerdded

Un o atyniadau pennaf Gwent yw'r amrywiaeth o deithiau cerdded cymharol hir sy'n gyfangwbl neu'n rhannol o fewn yr ardal. Rhoddir braslun o'r rhain yn y bennod hon, yn ogystal â manylion am daflenni sydd ar gael yn cynnig arweiniad pellach am y rhain ac am deithiau cerdded eraill, byrrach.

Llwybr Dyffryn Sirhywi

Chwe milltir ar hugain rhwng Casnewydd a Thredegar. Rhannau gwastad, ond gwaith dringo eithaf sylweddol ar Fynydd Machen a Chefn Man-moel. Mae cryn dipyn mwy o waith dringo os dewisir dilyn y daith tua'r gogledd, gan gychwyn o Dŷ Tredegar, Casnewydd. O'r cyfeiriad arall, gellir manteisio ar y man cychwyn uchel ger cerrig coffa Aneurin Bevan yng nghyffiniau Tredegar a cherdded tua'r de.

Cawn olygfeydd ardderchog oddi ar y rhannau hynny o'r llwybr sydd ar y cribau o boptu Sirhywi. Ar lawr y cwm, cerddir heibio i olion y gweithfeydd a'r tramffyrdd. Mae melin Gelli-groes ar ymyl y llwybr a Chapel y Babell yng Nghwmfelin-fach o fewn cyrraedd. Yng nghyffiniau Casnewydd, awn heibio i'r pedwar loc ar ddeg ac ar draws safle'r fryngaer o'r Oes Haearn yn ardal y Gaer.

Cyhoeddwyd ffolder deniadol *The Sirhowy Valley Walk* gan Gyngor Sir Gwent, sy'n cynnwys dwy set o saith cerdyn cyfeirio a dehongli ar gyfer cerdded o'r de i'r gogledd neu o'r gogledd i'r de.

Llwybr Dyffryn Wysg

Taith wastad, sy'n cadw'n agos at afon Wysg ar hyd y pum milltir ar hugain rhwng tafarn y *Ship* yng Nghaerllion a phont Wysg yn y Fenni. Ceir golygfeydd gwych o'r dyffryn yn ogystal â'r ucheldir tua'r gogledd. Ar wahân i ddilyn heolydd gwledig yng nghyffiniau Llantrisant, Llanllywel a Brynbuga, ar lwybr troed ar lannau'r afon y cerddir y rhan fwyaf o'r daith.

Ymhlith y mannau o ddiddordeb yn hanner deheuol y daith y mae twr Kemeys (ST 384922), adfeilion Tŷ Bertholau (ST 397945), melin y Priores (SO 367023), melin wynt Llancaio (SO 365030) a fferm Estafarne Fawr a ddatblygwyd gan y mynaich Sistersiaidd. Wrth agosáu at y Fenni, awn heibio i gastell Cleidda (SO 366085) a'r fryngaer Oes Haearn yng Nghoed-y-bwnydd (SO 365068) sy'n eiddo i'r Ymddiriedolaeth Genedlaethol. Gellir cerdded o safle picnic yr Ymddiriedolaeth ar lan yr afon i frig y gaer a manteisio ar yr olygfa helaethach o'r codiad tir.

Wedi gadael y bont ddiddorol ym Mhant-y-goitre (SO 348089) awn heibio i ran droellog iawn o'r afon, ac eglwys Llanofer ar y lan bellaf, nes cyrraedd safle Castell Arnallt (SO 320101) a fu'n bencadlys i dywysogion Cymreig Gwent Uwch-coed. Tomen yn unig sy'n weddill o'r castell a ddymchwelwyd gan William de Braose trwy gyrch yn dilyn cyflafan y Nadolig yng nghastell y Fenni. Lladdwyd

Cadwaladr, mab seith-mlwydd Seisyllt, ym mreichiau ei fam.

Cyrhaeddir y Fenni trwy bentrefi Llanelen a Llan-ffwyst. Rhwng y ddau bentref dilynir camlas Aberhonddu a'r Fenni.

Darparwyd cyfres o bedwar cerdyn mewn ffolder, *Usk Valley Walk*, gan Gyngor Sir Gwent.

Camlas Aberhonddu a'r Fenni

Llwybr gwastad arall yn dilyn y gamlas rhwng cyffordd Pontymoel ger Pont-y-pŵl a Gilwern. Gellir ymestyn y daith wrth gerdded ymlaen i Aberhonddu heibio i Langadog, Llangynidr, Tal-y-bont ar Wysg a Llanfrynach.

Ffaith hynod ynghylch campwaith peiriannol y gamlas yw mai dim ond chwe loc oedd ei angen er mwyn codi'r badau ar y daith o dri deg a thair o filltiroedd rhwng Pont-y-pŵl ac Aberhonddu. Llai na hanner y pellter hwn sydd o fewn ffiniau Gwent.

Y mannau prysuraf ar y daith yw glanfeydd Goitre (SO 313063) a Gofilon (SO 270137), lle gellir llogi badau er mwyn teithio ar hyd y gamlas. Mae nifer o bontydd diddorol ar y daith a hen fythynnod a adeiladwyd ar gyfer y gweithwyr a ofalai am y lociau neu am ryw hyd o'r gamlas.

Prin fod angen cyfarwyddyd er mwyn dilyn y llwybr sy'n cadw'n glòs at lan y gamlas, ond mae'r brasluniau yn llyfryn Ken Haynes (a restrir yn y llyfryddiaeth) yn cynnig rhagflas o'r golygfeydd a'r mannau diddorol ar y daith, ac fe geir map ar y tudalennau canol.

Llwybr y Tri Chastell

Taith gylch ddeunaw milltir yn cysylltu'r Castell Gwyn â chestyll Grysmwnt ac Ynysgynwraidd. Aiff y llwybr trwy ardal amaethyddol gymysg – defaid, gwartheg a llafur. Mae cloddiau trwchus ac ardaloedd bychain coediog yn nodweddiadol o'r ardal ac yn gartref i fywyd gwyllt amrywiol.

Gellir gweld y cudyll coch yn hofran uwch y tir agored, a'r gwalch glas yn llithro uwch y cloddiau a'r lonydd. Mae'r asgell fraith (ji-binc) i'w gweld yn heidiau yng nghyffiniau'r coed ffawydd ac mae'r gnocell werdd a'r gnocell fraith fwyaf yn lled gyffredin hefyd. Nythwyr eraill yn yr ardal yw'r llwydfron, y pia bach (siff-saff) a thelor yr helyg.

Mae'r llwybr wedi'i nodi ag arwyddbyst â saeth felen; dilynir rhai o'r mân heolydd gwledig yn ogystal â llwybrau hyd ymylon caeau a thir coediog. Mae nifer o hen ffermdai ar y daith ac wrth gwrs, mae cyfle i ymweld â'r tri chastell a phentrefi bychain Grysmwnt ac Ynysgynwraidd. Mae llety ar gael yng nghyffiniau'r rhain.

O rannu'r daith yn dri chymal, mae'r byrraf yn bum milltir o hyd a'r ddau arall yn chwech a saith milltir. Cyhoeddwyd taflen *The Three Castles Walk* gan Gyngor Sir Gwent.

Llwybr Clawdd Offa

Mae llwybr Clawdd Offa dros 170 milltir o hyd ac yn ymestyn o Gas-gwent i Brestatyn. Y gyfran ddeheuol, o Gas-gwent i'r Mynyddoedd Duon uwchben dyffryn Euas sy'n berthnasol i'r ymwelwyr yng Ngwent.

Trwy sir Gaerloyw ar lan ddwyreiniol Gwy aiff y llwybr o Gas-gwent heibio i gyrchfan boblogaidd y dringwyr creigiau yn Llam Wintour *(Wintour's Leap)* ac ymlaen i'r tir coediog yn ardal Tyndyrn lle mae'r clawdd ei hun yn amlwg iawn yng nghyffiniau Pulpud y Diafol. Parhau yn Lloegr a wnawn wrth groesi comin St Briavel ac wrth gerdded trwy Lower Redbrook ac Upper Redbrook. Oddi yno mae'r llwybr yn dringo i'r Kymin uwchben Trefynwy. Rhwng Tyndyrn a Threfynwy mae amrywiad ar y daith yn cadw at lannau Gwy a adnabyddir fel y *Wye Valley Walk.*

Wedi disgyn o'r Kymin i Drefynwy, aiff prif lwybr Clawdd Offa â ni trwy Lanfihangel Ystum Llywern, Llandeilo Gresynni, heibio i'r Castell Gwyn ac ymlaen i Langatwg Lingoed cyn croesi priffordd yr A465 (Henffordd – y Fenni) a dringo i'r Mynyddoedd Duon ar ochr ddwyreiniol dyffryn Euas.

Cyhoeddwyd amryw o arweinlyfrau ar gyfer y daith hon. Mae'r gyfrol o fraslunuau a mapiau gan Mark Richards (gweler y llyfryddiaeth) ymhlith y mwyaf defnyddiol.

Manylion am deithiau eraill

Mae amrywiaeth o daflenni sy'n manylu ar lwybrau addas wedi eu cyhoeddi gan y cynghorau lleol ar gyfer y cerddwr yng Ngwent. Mae'r canlynol yn rhestr o'r teithiau trefol a gwledig amrywiol:

Blaenafon Town Walk
Pontypool Heritage Trail
Scenic Walks in the Pontypool Community

Newport Town Trails, 1-4
Caerleon Heritage Trail

Discover Abertillery
Discover Brynmawr
Discover Ebbw Vale
Discover Nantyglo
Four Walks from Nantyglo and Blaina
Discover Tredegar

Country Walks in Gwent (Fourteen Locks, Usk, Llandegfedd)

A Walk Around Monmouth

Chepstow Town Trail
Chepstow Riverside Trail
Circular Rambles around Llanbadoc, Little Mill, Glascoed and Monkswood
Circular Walks in the Mathern community
Countryside Walks in the Trellech United community
Popular Walks around Tintern
Walks in Tintern Woods
Walks in Penhow

Mae syniadau pellach i'w cael yn y cyfrolau a gyhoeddwyd gan Chris Barber, Gordon Hindess a Les Lumsdon (gweler y llyfryddiaeth).

Gwent

Camlas Aberhonddu ger Pontymoel

Dyffryn Gwy

Enwogion

Bevan, Aneurin (1897 - 1960)
Aelod Seneddol Glynebwy o 1929 hyd ei farwolaeth. Fe'i ganed yn 32 Charles Street, Tredegar, yna, symudodd y teulu i rif 7 yn y stryd, ble treuliodd ei blentyndod. Yn 14 oed, aeth i weithio i lofa Tŷ Trist. Daeth yn gynghorydd tref ac yn weithgar fel trefnydd undebol. Etholwyd ef i'r Senedd yn 1929 gyda mwyafrif o 11,000 a bu'n areithiwr ysgubol ar lawr y tŷ. Ef oedd gweinidog iechyd a thai llywodraeth Lafur 1945-50 a phensaer y gwasanaeth iechyd. Bu'n weinidog Llafur o 1950 i 1951 hefyd.

Brace, William (1865 - 1947)
Arweinydd y glowyr ac Aelod Seneddol a aned yn Rhisga. Dadleuwr yn erbyn y drefn o dalu'r glowyr ar *sliding scale*. Yn 1898 daeth yn is-lywydd Undeb Glowyr De Cymru ac yn Aelod Seneddol yn 1906. Bu'n aelod o lywodraeth unedig cyfnod y Rhyfel Byd Cyntaf.

Bradney, Joseph (1859 - 1935)
Hanesydd ac awdurdod ar hanes sir Fynwy. Wedi'i addysgu yn Harrow a Chaergrawnt, daeth i sir Fynwy yn gapten yn y fyddin. Bu'n gynghorydd, ynad heddwch, siryf ac is-raglaw. Rhwng 1904 ac 1932 cyhoeddodd bedair cyfrol sy'n gampweithiau hanes lleol – *History of Monmouthshire*.

Broome, David (1940 -   )
Pencampwr neidio ceffylau a fagwyd ac sy'n ffermio yn ardal Cas-gwent. Cystadleuydd mewn pump o gêmau Olympaidd rhwng 1960 ac 1988. Enillodd fedalau efydd yn 1960 ac 1968. Ef oedd y cyntaf o Brydain i fod yn bencampwr byd (1970), wedi iddo fod yn bencampwr Ewrop yn 1961, 1967 ac 1969, a'r ddau dro olaf gyda'i geffyl enwog, Mister Softee.

Davies, Idris (1905 - 1953)
Bardd y dirwasgiad ac ysgolfeistr. Fe'i ganed yn Rhymni ac wedi cyfnodau yn dysgu yn Llundain a'r Rhondda, dychwelodd i Gwmsyfiog ger Tredegar Newydd. Ymhlith ei gerddi mwyaf cyfarwydd y mae *'Gwalia Deserta'* sy'n cynnwys yr adran gyfarwydd 'Clychau Rhymni'.

Davies, W.H. (1871 - 1940)
Bardd a chrwydryn. Fe'i ganed yn nhafarn y *Church House* a gedwid gan ei dad yn ardal Pill-gwenlli, Casnewydd. Gadawodd am America yn 1893 ac oherwydd prinder gwaith yno, bu'n crwydro'r cyfandir trwy neidio ar drenau nwyddau. Collodd ei goes dde dan y pen-glin trwy ddamwain yn 1899 a dychwelodd i Brydain. Daeth yn gyfaill i'r bardd Edward Thomas (roedd ei rieni yntau â'u gwreiddiau yng Ngwent). Cyhoeddodd gasgliadau o gerddi yn 1905 ac 1907 a'i *Autobiography of a Super-Tramp* yn 1908. Mae llawer o'i gerddi yn ymdrin â themâu syml byd natur a chariad ac yn adlewyrchu ei athroniaeth lawen, hamddenol a grynhoir yn ei gwpled:

A poor life this if, full of care,
We have no time to stand and stare.

Evans, John Arthur (1854 - 1936)

Arlunydd. Bu'n cadw siop losin yn Nhrefynwy a gwerthai hufen-iâ cartref a enillodd iddo'r llysenw *Hokey-pokey.* Yn dilyn marwolaeth ei wraig yn 1903, symudodd i fwthyn bychan ar y Kymin uwchben y dref. Mae rhai o'i ddarluniau i'w gweld yn amgueddfa Trefynwy.

Frost, John (1784 - 1877)

Siartydd a mab y *Royal Oak,* Casnewydd. Dechreuodd weithio fel dilledydd yn y dref oddeutu 1806, a daeth yn adnabyddus fel gwleidydd lleol wrth iddo wrthwynebu dylanwad torïaidd y Morganiaid. Cafodd ei ethol yn gynghorydd trefol a daeth yn ustus heddwch ac yn faer Casnewydd. Yn 1838, daeth i gysylltiad â'r Siartwyr ac roedd yn un o dri arweinydd y gwrthdystiad yng Nghasnewydd yn 1839. Fe'i alltudiwyd i Wlad Van Diemens yn 1840, ond yn 1854 derbyniodd bardwn a dychwelodd i fyw yn ardal Bryste.

Gould, Arthur (1864 - 1919)

Un o arwyr cynharaf rygbi Cymru. Enillodd 27 cap fel canolwr yn bennaf rhwng 1885 ac 1897. Dan ei gapteiniaeth ef yr enillodd Cymru ei choron driphlyg gyntaf yn 1893. Pan ymddeolodd, cyflwynwyd iddo weithredoedd ei dŷ – 6 Heol Llanthewy, Casnewydd, gan lywydd Undeb Rygbi Cymru. Cyhuddodd Iwerddon a'r Alban hwy o droi'r gêm yn broffesiynol, gan wrthod chwarae yn erbyn Cymru yn 1897.

Hall, Augusta Waddington (Arglwyddes Llanofer, Gwenynen Gwent; 1802 - 1896)

Noddwraig i ddiwylliant gwerin Cymraeg, yn arbennig cerddoriaeth, dawns a'r wisg Gymreig. Trefnodd ei chartref yn Llys Llanofer yn ôl yr hyn a ystyriai hi yn ddulliau traddodiadol. Yn 1823, priododd â Benjamin Hall, diwydiannwr a ddaeth yn Aelod Seneddol dros sir Fynwy ac a roddodd ei enw i'r cloc *Big Ben.*

Hando, Fred (1888 - 1970)

Awdur, arlunydd, hanesydd a phrifathro yng Nghasnewydd. Cyhoeddodd saith cyfrol yn ymwneud â hanes y sir a mannau o ddiddordeb. Ei nod oedd argyhoeddi ei ddarllenwyr i 'weld y lleoedd bychain mewn sir swil'.

Ifor Hael (c. 1310 - 1380)

Ifor ap Llywelyn o Fasaleg, prif noddwr Dafydd ap Gwilym. Canodd Dafydd nifer o gywyddau ac awdlau iddo ef a'i wraig Nest. Mae adfeilion ei gartref, Gwernyclepa, yn y coed rhyw filltir o bentref Basaleg; y rhain a ysbrydolodd englynion Ieuan Brydydd Hir, 'Llys Ifor Hael, gwael yw'r gwedd . . . '

Jones, Aneurin (Aneurin Fardd; 1822 - 1904)

Ganed ym Medwas a bu'n felinydd yng Ngelli-groes, dyffryn Sirhywi. Athro barddol a chyfaill i Islwyn a beirniad cenedlaethol hefyd. Wedi i'w fenter argraffu fynd o chwith, ymfudodd i'r Unol Daleithiau ble bu'n arolygydd gerddi a pharciau yn Efrog Newydd. Bu farw ac fe'i claddwyd yn Los Angeles.

Jones, Edmund (1702-1793)
Pregethwr ac awdur a aned ym mhlwyf Aberystruth. Sefydlodd dŷ cwrdd yn y Transh ger Pont-y-pŵl. Teithiai Gymru i bregethu, a dywedir iddo bregethu dros 400 o weithiau pan oedd yn 87 oed. Ysgrifennodd hanes ei blwyf genedigol yn ogystal â chasgliad o lên gwerin. Ceisiai ragweld y dyfodol trwy ddehongli arwyddion ac fe'i gelwid yr 'Hen Broffwyd'.

Jones, Gwyn (1907 -   )
Ysgolhaig, nofelydd ac awdur storïau byrion a aned yng Nghoed-duon. Darlithydd yn adrannau Saesneg colegau'r Brifysgol yng Nghaerdydd ac Aberystwyth cyn dal Cadair yr adran Saesneg yng Nghaerdydd rhwng 1964 ac 1975. Ymhlith ei waith mae'r nofel *Times Like These* (1936) yn erbyn cefndir y Dirwasgiad, a chyfrolau o storïau byrion *The Buttercup Field* (1945) a *Shepherd's Hey* (1953). Cyfieithodd y Mabinogi gyda Thomas Jones; sefydlodd gylchgrawn misol, *The Welsh Review;* a golygodd nifer o gasgliadau megis *Welsh Short Stories* a *The Oxford Book of Welsh Verse in English*.

Jones, Humphrey Owen (1878 - 1912)
Cemegydd a fagwyd yng Nglynebwy ac un o raddedigion cyntaf Prifysgol Cymru. Awdurdod ar stereocemeg nitrogen a'r carbonyliaid metelaidd a bu'n ymchwilio a darlithio yng Nghaergrawnt. Fe'i lladdwyd gyda'i wraig mewn damwain fynydda yn yr Alpau, bythefnos yn unig wedi iddynt briodi.

Jones, Kenneth Jeffrey (1921 -   )
Chwaraewr rygbi ac athletwr a aned ym Mlaenafon, ble chwaraeodd rygbi am y tro cyntaf yn naw oed dros yr ysgolion Sul. Enillodd 44 cap ar yr asgell dros Gymru – record a safodd hyd y 1970au, a chwaraeodd ym mhob un o gêmau'r bencampwriaeth rhwng 1947 ac 1956. Bu'n bencampwr Cymru yn y naid hir ac enillodd fedal arian yn y ras gyfnewid 4x100m gyda thîm Prydain yng ngêmau Olympaidd 1948. Bu'n gapten ar dîm Prydain yng ngêmau Ewrop 1954 ac yn rheolwr tîm athletau Cymru yng ngêmau'r Gymanwlad, 1958.

Jones, Mai (1899-1960)
Cyfansoddwraig, cyfeilyddes a chynhyrchydd radio. Arloeswr rhaglenni radio'r BBC megis *Welsh Rarebit* yn y 1940au. Cyfeilyddes organ Capel Cymraeg Mynydd Seion, Casnewydd. Awdures y dôn *We'll Keep a Welcome in the Hillsides*.

Jones, Thomas (1870 - 1955)
Gwas sifil ac awdur. Fe'i ganed yn Rhymni ac wedi addysg brifysgol yn Aberystwyth a Glasgow daeth yn ddirprwy ysgrifennydd i gabined Lloyd George yn 1916, a bu'n gwasanaethu prif weinidogion eraill hyd at Baldwin. Roedd yn allweddol yng ngwaith sefydlu Coleg Harlech a'r hyn a ddaeth yn ddiweddarach yn Gyngor y Celfyddydau. Ysgrifennodd gyfrolau o hunangofiant sy'n cynnwys *Rhymney Memories* (1939).

Machen, Arthur (1863 - 1947)
Awdur nofelau a straeon Saesneg, amryw gyda themâu lled-wyddonol neu oruwchnaturiol. Fe'i ganed yng Nghaerllion a'i fagu yn rheithordy cyfagos Llanddewi Fach. Lleolwyd llawer o'i waith yn y Gymru wledig ac mae cyfeiriadau at fro ei febyd yn ei waith hunangofiannol *Far Off Things* (1922).

Morgan, Harri (c. 1635 - 1688)
Môr-leidr o ardal y Fenni. Priododd â merch oedd yn perthyn i Forganiaid Tŷ Tredegar. Bu'n môr-herwa ym môr y Caribî ac arweiniodd ymosodiadau ffyrnig ar Porto Bello (1668) a dinas Panama (1671). Daeth yn is-lywodraethwr Jamaica yn 1674 ac enwodd ei ystadau yno yn Llanrhymni a Phen-carn. Fe'i claddwyd ym Mhort Royal, Jamaica.

Phillips, Edgar (Trefin; 1889 - 1962)
Prifardd, archdderwydd ac athro. Myfyriwr yng Ngholeg Caerllion cyn dechrau gyrfa fel athro Cymraeg yn ardal y Coed-duon. Bu hefyd yn cynnal dosbarthiadau nos yno ac yn Rhisga. Fe'i cadeiriwyd yn Wrecsam (1933) am ei awdl 'Harlech'.

Powell, Robat (1948 -   )
Prifardd ac ymchwilydd addysgol. Brodor o Lynebwy a raddiodd mewn Almaeneg ac a ddysgodd Gymraeg tra oedd ym Mhrifysgol Llundain. Bu'n athro ieithoedd modern yn Ysgol Gyfun Ystalyfera cyn ei benodi'n swyddog ymchwil gyda'r Sefydliad Cenedlaethol er Ymchwil i Addysg yn Abertawe. Cyhoeddodd gyfieithiad o

Das Versprechen (*Yr Addewid*) gan Durrenmatt yn 1976. Enillodd y Gadair Genedlaethol yn y Rhyl yn 1985 a chyhoeddwyd y casgliad cyntaf o'i gerddi, *Haearn laith*, yn 1996

Reardon, Ray (1932 -   )
Chwaraewr snwcer. Fe'i ganed yn Nhredegar ac aeth i weithio i'r pwll glo yn 14 oed. Pencampwr snwcer amatur Cymru chwe gwaith rhwng 1950 ac 1955 ond yna bu'n rhaid iddo symud i Stoke i lofa Florence wedi i'r pyllau yn Nhredegar gau. Cafodd ei gladdu dan ddaear am deirawr yn dilyn damwain yn y pwll ac yna aeth i weithio at yr heddlu. Mentrodd fel chwaraewr snwcer proffesiynol yn 1967 ac enillodd bencampwriaeth y byd chwe gwaith rhwng 1970 ac 1978.

Richardson, Dick (1934 -   )
Paffiwr pwysau trwm o Gasnewydd. Uchafbwynt ei yrfa oedd trechu Hans Kalbfell yn Dortmund fis Mawrth 1960 a dod yn bencampwr Ewrop. Collodd y teitl i Ingemar Johansson yn 1962.
   Cafodd ddwy ornest gofiadwy yn erbyn Henry Cooper, gan golli ddwywaith (1958 ac 1963) i ergyd nerthol llaw chwith hwnnw, er iddo gael y gorau arno yn y gornestau cyn hynny.

Rolls, Charles Stewart (1877 - 1910)
Arloeswr hedfan a moduro. Mab ystad yr Hendre ger Trefynwy. Bu'n byw yn Lloegr yn bennaf, gan arloesi ym myd teithio mewn car, hedfan balwnau ac awyrennau. Ffurfiodd bartneriaeth â Henry Royce a arweiniodd at sefydlu cwmni Rolls-Royce, ac wedi iddo

dderbyn trwydded hedfan, daeth yn berchen ar dair awyren. Wrth hedfan un o awyrennau'r brodyr Wright yn Bournemouth fis Gorffennaf 1910, fe'i lladdwyd mewn damwain. Mae wedi ei gladdu ym mynwent Llangatwg ger ei gartref.

Southall, John Edward (1855 - 1928)
Cyhoeddwr ac awdur a oedd yn argraffydd yng Nghasnewydd yn 1879. Roedd ei gynnyrch yn cynnwys llawer o ddeunydd ar gyfer ysgolion. Ysgrifennodd lawer am safle'r Gymraeg mewn addysg ac am ei dyfodol yn sgîl cyfrifiadau 1891 ac 1901.

Sutton, Graham (1903 - 1977)
Mathemategydd a meteorolegydd. Fe'i ganed yng Nghwm-carn a graddiodd mewn Mathemateg Bûr yn Aberystwyth. Ymunodd â'r Swyddfa Dywydd yn 1928, lle bu'n gwneud gwaith ymchwil meteoroleg cyn symud at weinyddu a bod yn gyfarwyddwr hyd at ei ymddeoliad yn 1965. Rhoddodd arweiniad ynghylch defnyddio cyfrifiaduron yn y Swyddfa Dywydd a datblygodd y syniad o wasanaeth tywydd ar y teledu.

Thomas, Leslie (1931 -)
Nofelydd a aned yng Nghasnewydd. Daeth i'r amlwg oherwydd ei nofelau am filwyr ym Malaya, *Virgin Soldiers* (1966) ac *Onward Virgin Soldiers* (1971). Cyhoeddodd gyfrolau hunan-gofiannol hefyd: *This Time Next Week* ac *In My Wildest Dreams*, y gyntaf yn cynnwys ei hanes yn un o gartrefi Barnardo yn Surrey yn grwtyn deuddeg oed.

Thomas, Sidney Gilchrist (1850 - 1885)
Gwyddonydd a dyfeisydd a arbenigai mewn astudiaeth ddur. Arbrofodd ym Mlaenafon gyda phroses gwaredu ffosfforws a ddefnyddid ym mhroses *Bessemer*, a dangosodd y gellid defnyddio'r *basic slag* a oedd yn ôl-gynnyrch i wrteithio'r tir. Daeth yn gyfoethog oherwydd ei amryw batentau, ond collodd ei iechyd yn ŵr ifanc.

Thomas, William (**Islwyn**; 1832 - 1878)
Gweinidog a bardd a aned yn Nhŷ'r Agent, Ynys-ddu. Hyfforddodd i fod yn bregethwr yn Abertawe, ond bu farw ei gariad Ann Bowen ac effeithiodd hynny'n drwm ar ei fywyd a'i yrfa. Bu'n gystadleuydd eisteddfodol cyson ond ni lwyddodd i ennill y Gadair Genedlaethol. Bu'n byw gerllaw Capel y Babell, ond ni fu â gofal dros yr eglwys. Ei awdl 'Y Storm' a'r emyn 'Gwêl uwchlaw cymylau amser' yw ei waith mwyaf adnabyddus.

Wallace, Alfred Russel (1823 - 1913)
Gwyddonydd ac anthropolegydd o Frynbuga a ddatblygodd theori esblygiad yn annibynnol oddi wrth waith Darwin. Bu am flynyddoedd yn gwneud gwaith maes yng nghoedwigoedd yr Amason ac mewn ardaloedd trofannol eraill.

Arweiniodd hyn at draethawd ar egwyddor 'goroesiad y mwyaf abl'. Cydweithiodd â Darwin ar bapur yn crynhoi syniadaeth esblygiad a gyflwynasant ar y cyd i Gymdeithas Linnaeus yn 1858.

Watkins, David (1942 -)
Maswr Casnewydd o 1961 hyd 1967 a aned yn y Blaenau. Enillodd 21 cap dros Gymru rhwng 1963 ac 1967 ac arweiniodd y Llewod mewn dau brawf yn Seland Newydd yn 1966. Fis Hydref 1967, arwyddodd am £16,000 (record ar y pryd) i chwarae rygbi'r gynghrair i dîm Salford. Chwaraeodd dros 400 o gêmau iddynt. Teithiodd i Awstralia gyda thîm proffesiynol Prydain a chwaraeodd 16 o weithiau dros dîm rygbi tri ar ddeg Cymru. Bu'n hyfforddi carfan rygbi cynghrair Prydain cyn dychwelyd i swydd gyda chlwb rygbi Casnewydd.

Williams, Phil (1939 -)
Gwyddonydd a gwleidydd. Fe'i magwyd yn y Bargod ac aeth o Ysgol Lewis, Pengam i Goleg Clare, Caergrawnt. Tra oedd yno, ymunodd â Phlaid Cymru. Bu'n ffisegydd ymchwil mewn radio-seryddiaeth cyn ei benodi'n ddarlithydd yn Aberystwyth. Yn is-etholiad Caerffili, 1968, bu bron iddo wyrdroi y mwyafrif Llafur o 20,000. Daeth yn gadeirydd Plaid Cymru yn ddiweddarach, a pharhaodd gyda gwaith ymchwil o safon ryngwladol i feysydd trydanol yr uwch-atmosffer.

Williams, William (Myfyr Wyn; 1849 - 1900)
Gof, bardd a hanesydd lleol. Fe'i ganed yn Nhwyn Star, Tredegar. Dysgodd ei grefft fel gof yng ngwaith

haearn Sirhywi. Cyfrannodd golofnau cyson i *Darian y Gweithiwr* a chystadlai ar y mesurau caeth a rhydd. Cyhoeddwyd peth o'i waith mewn casgliad a olygwyd gan D. Myrddin Lloyd yn 1951, *Atgofion am Sirhywi a'r Cylch*.

Wynn, Robert (1863 - 1923)
Rheolwr busnes cludiant trwm *Wynn's*. Etifeddodd fusnes bychan a gychwynnwyd yng Nghasnewydd gan ei dad, Thomas Wynn (1821 - 1878) yn cario nwyddau gyda cheffyl a throl. Trwy ddatblygu'r busnes i gyfeiriad peiriannau stêm ac yna gerbydau petrol a diesel, daeth ei gwmni yn arbenigwyr ar gludo coed ac offer trwm iawn ar hyd yr heolydd.

Chwedlau'r Fro

Mae cyfoeth chwedlau Gwent yn plethu â thraddodiadau gwerin ardaloedd eraill yng Nghymru, ac fe geir tebygrwydd amlwg yn y themâu. Pe bai angen cadarnhad o safle'r deddwyrain fel rhan annatod o gof cenedl, does ond rhaid inni sylwi ar yr amryw gyfeiriadau at Went yn y Mabinogion. Cyfeirio'n gryno at enghreifftiau o chwedlau'r fro a wneir yma.

Adar
Roedd pobl Rhisga ar un adeg yn dymuno cael tywydd braf trwy'r flwyddyn. Roedden nhw wedi sylwi bod y tywydd yn braf pan fyddai'r gog o gwmpas. Felly, aeth y bobl ati i dyfu cloddiau uchel er mwyn cadw'r gog yn yr ardal. Ond hedfanodd y gog uwchben y cloddiau a bant â hi. Gofidio wnaeth pobl Rhisga na fydden nhw wedi tyfu'r cloddiau yn uwch. Oherwydd eu twpdra, daeth yn arferiad galw'r bobl yn 'Gogau Rhisga'.

Cewri
Roedd Bwch Gawr yn byw yng Nghastell Bwch rhwng Caerllion a Llantarnam ac roedd ganddo chwe mab a oedd hefyd yn gewri yng Ngwent: Arnallt Gawr yn byw yng Nghastell Arnallt, Cleidda Gawr yn byw yn Nghloddau Gaer Cleidda, Buga Gawr yn byw yng Nghastell Brynbuga, Trogi Gawr yn byw yng Nghastell Trogi ger Coed Gwent, Cybi Gawr yng Nghastell Cybi a Crou Gawr yng Nghastell Tir Crou.

Mae sôn fod Ithel Gawr wedi casglu cerrig er mwyn codi tŷ yn Llanhiledd. Cariodd gerrig mawr o Cefn Grib uwchben Hafod-yr-ynys yn ei ffedog, ond torrodd llinyn y ffedog dan yr holl bwysau ac fe gwympodd y cerrig yn bentwr ger safle Eglwys Sant Illtyd.

Roedd cawr arall o ardal Aber-big a gladdwyd ym Medd y Dyn Hir ger Gilwern. Ceisiodd ei dylwyth gario'i gorff ar draws y bryniau i eglwys Llanwenarth yn nyffryn Wysg, ond aeth eu baich trwm yn ormod iddynt a bu'n rhaid claddu'r dyn hir ar y mynydd.

Coblynnod
Ar fferm yng nghyffiniau Tredegar, roedd coblyn cas o'r enw Bwca'r Twyn yn arfer godro llaeth y da cyn i'r ffermwr gael cyfle i wneud hynny. Daeth yn amhosibl cael deiliad i'r fferm a ddaeth i gael ei hadnabod fel Tŷ Trist.

Roedd Bwca yn ardal Abergwyddon hefyd (Aber-carn heddiw) ac arferai morwyn ar fferm yn yr ardal osod llond powlen o laeth a thafell o fara gwyn i'r Bwca bob nos. Ond un tro, penderfynodd y ferch yfed y llaeth a bwyta'r rhan fwyaf o'r bara ei hun, gan adael dŵr a chrystyn i'r Bwca. Y bore wedyn, gwelodd y ferch nad oedd y Bwca wedi cyffwrdd y dŵr na'r crystyn. Pan aeth heibio i'r fan ymhen ychydig wedyn, cafodd ei churo'n gas gan y Bwca a'i rhybuddio i beidio â gwneud y fath beth eto.

Cŵn Wybr
Clywid sŵn tebyg i udo cŵn hela ar

draws y cymoedd weithiau. Fe'u gwelwyd gan Thomas Andrew yn croesi afon Ebwy rhwng plwyfi Aberystruth a Mynyddislwyn. Pe byddai'r cŵn wybr hyn yn mynd heibio'n agos i dŷ, roedd yn arwydd o farwolaeth ar yr aelwyd honno yn fuan.

Draig Brynglas
Mae nant yn llifo heibio i Frynglas yn ardal Casnewydd, ac mewn ogof yn agos i'r nant y trigai'r ddraig. Byddai'n cysgu trwy'r dydd, ond yn difa cnydau'r ffermwyr gyda'r nos ac yn ymosod ar bobl oedd yn ceisio croesi'r nant ar gefn ceffyl, gan eu llusgo yn ôl i'r ogof a'u bwyta. Weithiau byddai anadl y ddraig mor ddrwg nes bod perygl i unrhyw un fyddai'n crwydro'r dyffryn yn y bore ddisgyn yn farw oherwydd y nwyon cas.

Gwrachod
Yng Nghwmtyleri roedd gwrach o'r enw Mari'r Gwryd yn byw ar fferm y Gwryd Mawr. Un diwrnod, aeth i fferm gyfagos i ofyn torth o fara. Rhoddwyd un iddi, ond darganfu fod barlys yn ogystal â gwenith yn y dorth ac fe wylltiodd yn llwyr gan roi melltith ar dda'r Gwryd Mawr. O'r diwrnod hwnnw, bu'n amhosibl gwneud menyn â llaeth y Gwryd Mawr. Byddai toes yn glynu os defnyddid y llaeth ynddo a byddai'r moch yn mynd yn dost pe rhoddid y llaeth iddyn nhw.

Bu gwrachod yn Sirhywi hefyd. Pan oedd Hopkin David, turniwr a Chrynwr yn gweithio yno, clywodd rhywun yn symud ei offer yn y nos. Daeth i lawr o'r llofft a gweld tair gwrach wrthi'n chwarae fel cathod. Holodd eu henwau a chael gwybod taw Elinor Shir Gâr, Mawd Anghyfiawn a Jesebel Anonest oedd y tair. Rhoddodd bryd o dafod iddyn nhw am ymyrryd â'i offer, ac ni chafodd ei boeni wedyn.

Mabinogion
Mae chwedlau'r Mabinogion yn cysylltu Arthur â Chaerllion. Yn hanes Geraint fab Erbin, cynhaliodd Arthur lys yno 'ar saith Pasg a phum Nadolig yn olynol', am mai hwn oedd y lle hawsaf i'w gyrraedd yn ei deyrnas 'oddi ar fôr ac oddi ar dir'. I 'goedwig drwy Wysg' yr aethant i hela'r carw na welwyd ei debyg erioed.

Oddi yno, 'teithiasant islaw'r llys . . . a mynd drwy'r rhyd ar Wysg. A theithiasant ar hyd gwastatir teg, aruchel a dyrchafedig hyd oni ddaethant i dref gaerog'.

O Gaerllion hefyd yr aeth Peredur a dilyn 'y brif ffordd ar hyd esgair mynydd mawr. Ac ar derfyn y mynydd fe welai ddyffryn crwn'. Ymhellach ymlaen 'fe welai dai mawr duon, garw eu gwneuthuriad', ac yn fuan wedyn tynnodd Peredur ei gleddyf a tharo llew 'hyd oni syrthiodd gan hongian wrth ei gadwyn uwchben y pwll'.

Yn chwedl Iarlles y Ffynnon, mae'r ymherodr Arthur yn ei ystafell yng Nghaerllion 'yn eistedd ar dwmpath o irfrwyn a llen sidanwe felengoch oddi tano, a gobennydd a'i orchudd o sidanwe coch dan ei benelin'. Yno y daeth Cynon i adrodd ei hanes yn darganfod 'y glyn tecaf yn y byd' ac yn cael cyfarwyddyd a'i harweiniodd at bren mawr, 'A than y pren hwnnw y mae ffynnon, ac yn ymyl y ffynnon y mae llech farmor, ac ar y llech y mae

Cyfres Broydd Cymru

cawg arian wrth gadwyn arian . . . '

Daeth helfa'r Twrch Trwyth hefyd trwy rannau o Went; cyfeirir at 'fyddin o farchogion a chŵn' yn mynd i Ewias, ac am hela 'rhwng Llyn Lliwan ac Aber Gwy' cyn i Arthur a 'rhyfelwyr Prydain gydag ef' lwyddo i ymosod ar y Twrch.

Cyfeirir at Teyrnon Twrf Liant fel 'y gŵr gorau yn y byd'. Roedd yn arglwydd ar Went Is Coed ac wrth ddrws ei dŷ y darganfuwyd Pryderi yn faban. Fe'i magwyd gan Teyrnon a'i wraig hyd nes iddynt ddarganfod ei fod yn fab i Pwyll a Rhiannon, a'i ddychwelyd i Arberth.

Pulpud y Diafol

Clogwyn amlwg uwchben Abaty Tyndyrn yw'r pulpud ac yma yr arferai'r diafol bregethu arferion drwg i'r mynaich gwyn yn yr abaty islaw. Un diwrnod, roedd y diafol yn teimlo'n arbennig o ddewr ac aeth i lawr at yr abaty a pherswadio'r mynaich i adael iddo bregethu yn yr abaty.

Cafodd y diafol ddod i mewn i eglwys yr abaty, ond dechreuodd y mynaich daflu dŵr sanctaidd ato. Yn ei fraw, dihangodd y diafol â'i gynffon rhwng ei goesau, heb aros nes iddo gyrraedd Llandogo, ac oddi yno neidiodd dros y dŵr i Loegr gan adael ôl ei grafangau miniog ar graig ar lan yr afon.

Saint

Tri o saint amlycaf Gwent yw Gwynllyw Filwr, ei wraig Gwladus a'u mab Cadog. Yn ôl yr hanes, un gwyllt a chreulon oedd Gwynllyw. Cipiodd Gwladus, un o ferched Brychan Brycheiniog, a'i phriodi yn groes i ewyllys ei thad. Aethant i fyw ger y glannau, lle'r oedd Gwynllyw yn angori ei fad hir mewn hafn a elwid yn Pill Gwynllyw. Oddi yno byddai'n môr-herwa a dwyn nwyddau oddi ar longau.

Bu Cadog a Gwladus yn ceisio dylanwadu ar Gwynllyw i newid ei ffordd, ond heb lwyddo. Un noson, cafodd Gwynllyw neges mewn breuddwyd yn dweud wrtho fynd i chwilio am fryncyn lle safai ychen gwyn â seren ddu ar ei dalcen. Y bore canlynol, daeth Gwynllyw o hyd i'r ychen a sefydlodd gell yn y fan a'r lle, sef safle Eglwys Gwynllyw yng Nghasnewydd. Trodd Gwynllyw a Gwladus at fywyd defosiynol yno, ac yn ôl yr hanes, byddent yn cerdded i lawr i'r afon Wysg i ymdrochi, haf a gaeaf.

Brenin, milwr a sant oedd Tewdrig a gysylltir â phlwyf Matharn. Dywedir ei fod wedi ymladd yn erbyn y Sacsoniaid tua diwedd y chweched ganrif, ond iddo gael ei glwyfo'n ddifrifol er iddo ennill y frwydr. Cafodd ei gario yn ôl dros afon Hafren i Borthiscoed, ond bu farw wedi cyrraedd y ffynnon a adnabyddir fel Ffynnon Tewdrig.

Mae hanes fod un arall o'r saint – Tathan – wedi codi eglwys i'r santes Maches ar y safle yn Llanfaches ble cafodd hi ei llofruddio. Yn ôl un chwedl, arferai Maches roddi elusen i bob dyn tlawd a ddeuai ati, ond bod pagan o Sais wedi dod mewn gwisg cardotyn a'i thrywanu â chyllell. Chwedl arall yw ei bod wedi cael ei lladd gan ladron oedd yn ceisio dwyn y defaid yr oedd hi'n eu bugeilio.

Sion Caint
Ar lannau afon Mynwy y bu Jack O'Kent yn ymrafael â'r diafol. Bu'r ddau yn ceisio twyllo'u gilydd am flynyddoedd. Cododd Jack bont rhwng y Grysmwnt a Kentchurch mewn noson, ac mae sôn ei fod wedi taflu cerrig at y diafol yn Nhryleg a taw'r rheiny yw'r tri maen hir ar gyrion y pentref. Cafodd Jack ei nerth a'i allu wrth daro bargen â'r diafol a chytuno y câi hwnnw ei enaid wedi iddo gael ei gladdu, boed hynny y tu mewn neu'r tu fa's i'r eglwys. Ond fe gladdwyd Jack a'i gorff hanner i mewn a hanner ma's o eglwys Grysmwnt, ac felly ni enillodd y diafol mo'i enaid.

Y Tylwyth Teg
Ym Mlaenau Gwent, roedd y tylwyth teg yn hoff iawn o'r goeden dderw fenywaidd. Byddai'r brodorion yn ofalus iawn i beidio â niweidio'r goeden honno rhag digio Tylwyth Teg y Coed, a elwid hefyd yn Bendith y Mamau.

Mewn tywydd garw, byddai'r tylwyth teg yn ceisio cysgod ar aelwydydd y fro, a byddai'r trigolion yn gofalu bod dŵr glân ar gael yn y tŷ ac nad oedd cyllyll nac unrhyw offer haearn eraill a fyddai'n fygythiad i'r tylwyth teg wedi eu gadael yn agos at y tân.

Ysbrydion
Flynyddoedd yn ôl, roedd merch o'r enw Efa Roberts yn byw gyda'i thad yn swyddfa post Whitson, ger Casnewydd. Bu Efa farw'n ifanc, ond daeth ei hysbryd yn ôl i chwarae triciau ar ei thad a phobl yr ardal. Cafodd y trigolion ddigon ar hyn, a dyma drefnu cyfarfod er mwyn ceisio cael gwared â'r ysbryd. Ymddangosodd ysbryd Efa yn y cyfarfod, a bu'r bobl yn ei herlid ar draws y caeau i gyfeiriad Casnewydd. Yn y diwedd, diflannodd yr ysbryd i mewn i ffynnon a alwyd wedyn yn Ffynnon Efa. Dyna sut y cafodd ardal Eveswell, Casnewydd ei henw.

Ysbryd o gyfnod llawer cynharach yw'r Arglwyddes Werdd sy'n aflonyddu ar gastell Caerffili, ac yn Watery Lane, Trefynwy, ysbrydion ceffylau yn tynnu coets fawr sy'n teithio gyda'r nos.

Atyniadau Hamdden a Chanolfannau Gwybodaeth

Mae darpariaeth dda yng Ngwent ar gyfer amrywiaeth o ddiddordebau hamdden. Canolbwyntir yma ar y theatrau, cyrsiau golff, a'r canolfannau hamdden amlbwrpas.

Theatrau a Neuaddau Cyngerdd
Mae pedair theatr yn yr ardal, a chyflwynir rhaglen o gyngherddau achlysurol yng Nghanolfan Casnewydd hefyd.

Canolfan Casnewydd (*Newport Centre*), Kingsway, Casnewydd (01633 662666)

Theatr Beaufort, Beaufort, ger Glynebwy (01495 302112)

Theatr y Borough, Cross Street, Y Fenni (01873 850805)

Theatr Congress, Sgwâr Gwent, Cwmbrân (01633 868239)

Theatr Dolman, Kingsway, Casnewydd (01633 251338)

Mae rhaglenni adloniant gan nifer o ganolfannau cymuned yn ogystal â'r *Institutes* yn y cymoedd, megis Sefydliad y Glowyr, Coed-duon (01495 227206).

Canolfannau Hamdden
Ceir canolfan hamdden sylweddol ym mhob un o'r prif drefi, y rhan fwyaf ohonynt gyda phyllau nofio a chyfleusterau ar gyfer chwaraeon dando ac ymarferion corfforol. Yn naturiol, darpariaeth lai sydd yn y pentrefi.

Dylid cysylltu â'r canolfannau unigol i gael manylion am oriau agor eu hamryw gyfleusterau.

Aberbargod: 01443 875886
Abersychan: 01495 773140
Abertyleri: 01495 212206
Bargod: (Heol Ddu) 01443 875443
Blaenafon: 01495 790646
Caerffili: 01222 851845
Caldicot: 01291 420375
Casnewydd:
  Betws: 01633 855420
  Canolfan Casnewydd (*Newport Centre*): 01633 662662
  Canolfan Underwood (Llanmartin): 01633 412090
  Dyffryn: 01633 810264
  Llyswerri: 01633 274919
  Maendy (nofio) 01633 254747
  Parc Spytty: 01633 276767
Cas-gwent: 01291 623832
Cefn Fforest: 01443 830567
Cwmbrân:
  Canolfan y Stadiwm: 01633 866192
  Fairwater: 01633 872811
  Llantarnam: 01633 482832
Y Fenni: 01873 857444
Glynebwy: 01495 303766
Pont-y-pŵl: 01495 762114
Rhisga: 01633 613983
Tredegar: 01495 723554
Tredegar Newydd: 01443 875586
Trefynwy: 01600 712646

Golff
I'r rhai sy'n fodlon ystyried '*a good walk spoiled*', mae cyrsiau golff addas i bawb yng Ngwent. Y tri chwrs mwyaf safonol, a drud, yw St Pierre, Cas-gwent (01291 625261), Celtic Manor,

Casnewydd (01633 413007) a Rolls Trefynwy (01600 715353).

Mae nifer o gyrsiau sefydlog eraill hefyd: Bargod (01443 830143), Caerffili (01222 863441), Llan-wern (01633 412029), Trefynwy (01600 712212), Sir Fynwy, Y Fenni (01873 852606), Casnewydd (01633 892643), Pont-y-pŵl (01495 763655), Parc Tredegar, Casnewydd (01633 894433), a gorllewin Mynwy, Nant-y-glo (01495 310233) a chyrsiau 9 twll yng Nghoed-duon (01495 223152) a Thredegar a Rhymni (01685 840743).

Ymhlith y cyrsiau diweddarach sydd wedi ennill eu plwyf y mae Bryn Meadows, Ystrad Mynach (01495 225590), Dewstow, Caer-went (01291 430444) a Woodlake, ger llyn Llandegfedd (01291 673933), a dau gwrs 9 twll Greenmeadow, Cwmbrân (01633 862626), a Pontnewydd, Cwmbrân (01633 482170).

Mae nifer o gyrsiau wedi eu sefydlu yn ystod y deng mlynedd diwethaf ac sy'n gymharol rhad:

18 twll: Alice Springs, Brynbuga (01873 880244), Parc, Coedcernyw, Casnewydd (01633 680933), Parc Rhaglan (01291 690077).

9 twll: Llanyrafon, Cwmbrân (01633 874636) Wernddu, Y Fenni (01873 856223), Virginia Park, Caerffili (01222 863919) a'r rhataf ohonynt i gyd yw cwrs cyhoeddus Caerllion (01633 420342).

Gweithgareddau Dŵr a Physgota
Y ganolfan helaethaf yng Ngwent ar gyfer gweithgareddau dŵr yw cronfa Llandegfedd, ond mae cyrchfannau llai ym Mharc Bryn Bach (rhwng Tredegar a Rhymni) a Llyn Pen-y-fan (ger Manmoel yn nyffryn Sirhywi).

Mae llyn ym Mharc Cwm Darran (yng ngogledd Cwm Rhymni) hefyd ar gyfer pysgota cwrs, a gellir codi trwydded i wneud hynny yng nghronfa ddŵr Coed Gwent, llynnoedd castell Caerffili, llyn Cwmcelyn, Blaenau, llynnoedd Cwmtyleri, pysgotfa Ystrad Mynach ac yng nghamlas Mynwy ac Aberhonddu yn ogystal. Mae afonydd Wysg a Gwy yn boblogaidd am bysgota eog a brithyll hefyd.

Ar lan afon Gwy yn Nhrefynwy mae canolfan ganŵio (01600 713461) lle gellir llogi *kayak* neu ganŵ Canadaidd am hanner diwrnod neu fwy.

Teithio'r Gamlas
Y canolfannau mwyaf cyfleus ar gyfer llogi badau culion i deithio'r gamlas yw'r Gilwern (*Castle Narrowboats*, 01873 830001) a Glanfa Goitre, Llanofer (*Red Line Boats*, 01873 880516).

Canolfannau Gwybodaeth
Er mwyn sicrhau y manylion diweddaraf am oriau agor, gwybodaeth am atyniadau newydd, casglu taflenni am fannau o ddiddordeb, neu chwilio am lety, dylid cysylltu â'r canolfannau gwybodaeth:

Blaenau'r Cymoedd: Parc Bryn Bach (01495 711816/7)
Caerffili: O flaen y castell (01222 851378)
Caerllion: Stryd Fawr (01633 422656) [Ebrill - Hydref]
Cas-gwent: Ger y castell (01291 623772)

Casnewydd: Yn y llyfrgell, Sgwâr John Frost (01633 842962)
Cwm Darran: 01443 875557 [Ebrill - Hydref]
Cwm-carn: Yng ngwaelod Llwybr Gyrru Coedwig Cwm-carn (01495 272001)
Y Fenni: Yn yr orsaf bwsiau (01873 857588) [Ebrill - Hydref]
Glynebwy: Ym Mharc yr Ŵyl (*Festival Park*) (01495 350010)
Magwyr: Cyffordd 23a ar yr M4 (01633 881122)
Trefynwy: Sgwâr Agincourt (01600 713899) [Ebrill - Hydref]

Hostelau Ieuenctid
Dwy hostel ieuenctid sydd yn yr ardal y sonnir amdani yn y gyfrol hon. Un yn Stryd y Prior, Trefynwy (01600 715116) a'r llall ar fferm yng Nghapel-y-ffin (01873 890650) sy'n cynnig cyfleusterau a hyfforddiant marchog-aeth. Mae hostel yng nghastell St Briavel dros y ffin yn sir Gaerloyw hefyd, sy'n gyfleus ar gyfer dyffryn Gwy.

Gwasanaeth Trenau
Mae gorsaf Casnewydd ar y brif reilffordd rhwng de Cymru a Lloegr, ac mae'r trenau o dde Cymru i'r gogledd trwy'r gororau yn aros yng Nghwmbrân, Pont-y-pŵl Road a'r Fenni.

Mae gwasanaethau lleol yn cysylltu Casnewydd â Caldicot a Chas-gwent hefyd.

Cwm Rhymni yw'r unig un o'r cymoedd y soniwyd amdanynt yn y gyfrol sydd bellach â gwasanaeth trenau. Gellir teithio o Gaerdydd i Gaerffili ac ymlaen trwy Ystrad Mynach a Bargod i dref Rhymni ym mhen uchaf y cwm.

Gwent

Hwylio ym Mharc Bryn Bach

Cyfres Broydd Cymru

Llyfryddiaeth

Baker, Peggy – *As I strolled in Gwent: Nature Notes,* cyhoeddwyd gan yr awdur, (1992)

Baker-Gabb, Richard – *Hills and Vales of the Black Mountain District,* ailargraffwyd gan T.Pridgeon, (1976)

Barber, Chris – *Hando's Gwent: Volumes I & II,* Blorenge Books, (1987 ac 1989)

Barber, Chris – *The Seven Hills of Abergavenny,* Blorenge Books, (1992)

Bradney, Joseph – *A History of Monmouthshire,* Mitchell, Hughes & Clarke, (1907 ymlaen)

Brewer, Richard – *Caerwent Roman Town,* Cadw, (1993)

Bruce, Gordon – *C.S.Rolls - Pioneer Aviator,* Amgueddfeydd Mynwy, (1978)

Cyngor Blaenau Gwent – *Folklore of Blaenau Gwent,* Old Bakehouse Publications, (1995)

Davies, John – *Hanes Cymru,* Penguin, (1990)

Ellis, T.I. – *Crwydro Mynwy,* Llyfrau'r Dryw, (1958)

Freeman, David – *Tredegar House,* Cyngor Casnewydd, (1995)

Gray-Jones, Arthur – *A History of Ebbw Vale,* Starling Press, (1970)

Hando, Fred – *Out and About in Monmouthshire,* (a nifer o gyfrolau eraill), R.H.Johns, (1958)

Haynes, Ken – *Here and There on the Monmouthshire, Brecon and Abergavenny Canal,* Starling Press, (1985)

Hindess, Gordon – *Family Walks in Gwent,* Scarthin Books of Cromford, (1995)

Hollingdrake, Sybil – *The Super-Tramp in Monmouthshire,* cyhoeddwyd gan yr awdur, (1991)

Hockey, Lawrence – *Writers of Wales: W.H.Davies,* Prifysgol Cymru, (1971)

Howell, Raymond – *Fedw Villages: A Lower Wye Valley History,* Village Publishing, (1985)

Howell, Raymond – *A History of Gwent,* Gomer, (1988)

Jones, Oliver – *The Early Days of Sirhowy and Tredegar,* Starling Press, (1969)

Knight, Jeremy – *The Three Castles,* Cadw, (1988)

Lewis, David – *Early Victorian Usk,* Prifysgol Caerdydd, (1982)

Llewelyn-Williams, Alun – *Crwydro Brycheiniog,* Christopher Davies, (1964)

Lumsdon, Les – *Best Pub Walks in Gwent,* Sigma Leisure, (1996)

Morgan, Prys – 'Dilyn Afon Mynwy', *Dilyn Afon* (gol. Ifor Rees), Christopher Davies, (1977)

Nash, Kath – *Town on the Usk: a Pictorial History of Newport,* Village Publishing, (1983)

Nicholas, Reginald – *Monmouthshire Medley,* (nifer o gyfrolau), Starling Press, (1976)

Nicholas, Reginald – *Pontypool and Usk Japan Ware,* cyhoeddwyd gan yr awdur, (1981)

Parry-Williams, T.H. – *Myfyrdodau*, Gwasg Aberystwyth, (1957)

Pierce, Gareth – *Nabod Cwm Rhymni,* cyhoeddwyd gan yr awdur, (1990)

Powell, Robat – *Haearn Iaith*, Gomer, (1996)

Preece, Jonathan (gol.) – *Blaenafon Remembered*, Village Publishing, (1985)

Preece, Jonathan a Witherden, Mel (gol.) – *The trains don't stop here any more,* Village Publishing, (1985)

Richards, Mark – *Through Welsh Border Country: following Offa's Dyke path,* Thornhill Press, (1978)

Roderick, Alan – *The Folklore of Gwent*, Village Publishing, (1983)

Roderick, Alan – *A Gwent Anthology,* Christopher Davies, (1988)

Roderick, Alan – *The Newport Kaleidoscope,* Handpost Books, (1994)

Salter, Mike – *The Old Parish Churches of Gwent, Glamorgan and Gower,* Folly Publications, (1991)

Sefydliad y Merched – *The Gwent Village Book*, Countryside Books, (1994)

Thomas, Mair Elvet – *Afiaith yng Ngwent,* Gwasg Prifysgol Cymru, (1988)

Titcombe, Colin – *Treasures of Gwent,* cyhoeddwyd gan yr awdur, (1980)

Toulson, Shirley & Forbes, Caroline – *The Drovers' Roads of Wales II,* Whittet Books, (1992)

Trueman, Don – *Hill-Forts and the Iron Age in Gwent,* Amgueddfa ac Oriel Casnewydd, (1988)

Utting, Anthony – *Tewdric: Saint and Warrior King,* Cyngor Eglwysig Plwyf Matharn, (1994)

Whittle, Elisabeth – *A Guide to Ancient and Historic Wales: Glamorgan and Gwent,* HMSO, (1992)

Wilks, Ivor – *South Wales and the Rising of 1839*, Gomer, (1989)

Wiliam, Mary – *Blas ar Iaith Blaenau'r Cymoedd*, Gwasg Carreg Gwalch (1990)

Williams, Gwyn Alfred – *Gweriniaeth y Silwriaid,* Yr Eisteddfod Genedlaethol, (1988)

Mynegai

Aberbargod 19,92
Aber-big 24,47,88
Abercarn 16,24,88
Abersychan 27,30,92
Abertridwr 22
Abertyleri 47,48,80,92
Abertyswg 18,24
Aberystruth 48,84,89
Allteuryn 42,72
Allt-yr-ynn 42
Angiddy 76

Bargod 18,19,87,92,93,94
Basaleg 40,83
Bedwas 22,83
Bedwellte 19,40
Bedwellty, Tŷ 53
Black Rock 72
Blaenafon 11,15,27-29,32,58,61,80,84,
86,92
Blaenau 48,49,80,87
Blaenau Gwent 14,16,33,46-55,91
Blorens 27,29,30,58,61,64
Brithdir 18
Bryn-bach, Parc 11,54,93,95
Brynbuga 13,14,15,45,68,69,78,80,86,
88,93
Bryn-glas 89
Bryn-mawr 9,49,50,80
Butetown 18
Bwlch-yr-Efengyl 61

Caerffili 14,18,22,87,91,92,93,94
Caerllion 14,27,37,38,43-45,69,78,80,
85,88,89,93
Caer-went 9,13,14,38,70,71,93
Caldicot 57,71,72,92,94
Camlas Aberhonddu a'r Fenni 79
Camlas Mynwy 23,24,32,33,41,42
Carn Bugail 18
Capel-y-ffin 62,94
Cas-gwent 13-15,40,57,68,69,72,74-77
79,80,82,92
Casnewydd 10,11,13,15,16,24,33,34,
37-42,45,68,72,78,80,82-87,89-94

Castell Arnallt 77,88
Castell Gwyn 64-66,79,80
Cefn Golau 54
Cefn Mabli 22,41
Cilgwrrwg 69
Clawdd Du 62
Clawdd Offa 14,57,62,79,80
Cleidda (Clytha) 78,88
Clydach 50,51
Coalbrookvale 49
Cobbler's Plain 69
Coed-duon 23,84,85,92,93
Coed Gwent 43,88,93
Coed-y-bwnydd 78
Coed-y-paun 34
Coety, Mynydd 30
Cross Keys 24
Crymlyn 16,23,24,33,41,42,47
Cwm 53
Cwmafon 27,30
Cwm-brân 27,33-35,92.93
Cwm-carn 24,26,86,93
Cwm-celyn 49,93
Cwm Darran, Parc 18,19,93,94
Cwmfelin-fach 23,24,78
Cwm-iou 13,61
Cwmsyfiog 82
Cwmtyleri 30,47,48,89
Cwrt-y-brychan 70

Deri 18
Devauden 69
Draethen 22
Drenewydd (Butetown) 18
Drenewydd-dan-y-gaer 69
Drenewydd-gelli-farch 69

Ebwy, afon 13,24,48,89
Ebwy, dyffryn 10,16,18,24,30,47,54
Eglwysilan 22
Eglwys Newydd ar y Cefn 69
Erging 9,63
Euas, dyffryn 9,57,61,62,80,90

Farteg, Y 30
Fenni, Y 10,14,15,29,50,57-59,61,64,
78-80,85,92-94
Fochriw 18

98

Gwent

Forgeside 16,27,30

Gaer, Y 78
Garndyrys 27,58
Garn Lwyd 43
Gelli-gaer 13,14,19,22
Gelli-groes 23,78,83
Gilwern 9,50,79,88,93
Glanyrafon, fferm 34,35
Glynebwy 11,16,17,37,47,50,51,53,54,
80,82,84,85,92
Glywysing 14
Gofilon 58,79
Goitre 79,93
Greenmeadow, fferm 33
Grysmwnt, Y 15,64-66,79,91
Gwernesni 70
Gwndy 71
Gwy, afon 9,13-15,57,74,78,93
Gwy, dyffryn 68,75-77,80

Hatteral, bryn 61
Hengoed 19,22
Hen Gwrt 66

Iddon 13

Kentchurch 91
Kymin 64,80,83

Lydney 14

Llanbadog 13,68,80
Llanbedr Gwynllwg 42
Llanbradach 22
Llancaiach Fawr 19,21
Llandegfedd 34,35,80,93
Llandeilo Bertholau 61
Llandeilo Gresynni 66,80
Llandenni 69
Llandogo 77,90
Llanddewi Nant Hodni 15,61,62,76
Llanddewi Ysgyryd 59,61
Llanelen 79
Llanelli 50,51
Llanfaches 42,43,90
Llanfair Isgoed 13,37,42,43,70
Llanfihangel Crucornau 13,61

Llanfihangel-y-fedw 22
Llanfihangel Torymynydd 69
Llanfihangel Ystum Llywern 80
Llanffwyst 27,58,79
Llangatwg Lingoed 80
Llan-gwm 69,70
Llangybi 13,34
Llanhiledd 48,88
Llanisien 69,70
Llanllywel 78
Llanmelin 13,70
Llannerch 16
Llanofer 10,30,58,59,78,83,92
Llansanffraid Gwynllŵg 42
Llansanffraid Isgwent 71
Llan-soe 69,70
Llantarnam 33,34,40,88
Llantrisant 78
Llanwenarth 58,59,61,85
Llanwern 16,17,42,51,93,
Llanwytherin 59
Llanyrafon 27,34
Llwyd, afon 27,32,34
Llwyd, dyffryn 10,16,30

Machen 22,78
Magwyr 42,71,94
Mamheilad 17
Man-moel 23,54,78
Matharn 75,80,90
Morfa Gwent 74
Mynwy, afon 57,62,64,91
Mynwy, sir 9,10,57,82,83
Mynyddislwyn 23,40,89

Nant Bargod Rhymni 18
Nant Sôr 34
Nant-y-glo 48,49,80,93
Nelson 19
Nyth yr Eryr 77

Oakdale 23

Pant-teg 33
Pant-y-goetre 78
Parc Seymour 71
Patrishow 61
Pedwar Loc ar Ddeg 41,42

99

Cyfres Broydd Cymru

Penallta 16,53
Pen-hw 71,73,80
Pen-y-fâl 59,64
Pen-y-fan, Llyn 22,54,93
Phlipstown 18
Piercefield 75
Pontlotyn 18
Pontllanfraith 23
Pontymoel 32,79,81
Pont-y-pŵl 11,15,30,32,33,48,50,79,80, 84,92,93
Porth Sgiwed/Porthiscoed 15,72,90
Pwll Mawr (Big Pit) 29

Rasa 47
Rogerstone 41

Rhaglan 15,38,57,58,66,67,69,93
Rhisga 16,18,24,82,85,88,92
Rhiw'rperrai 22,40
Rhydri 22
Rhymni, afon 9,13,19,22
Rhymni, dyffryn 10,16,18,19,53
Rhymni, tref 11,16,18,54,55,82,84,93,94

Sant Arfan 13,75,77
Sant Jâms, cronfa ddŵr 54
Senghennydd 22
Severn Tunnel Junction 71
Shirenewton 69
Sirhywi, afon 13
Sirhywi, dyffryn 10,18,19,22,47,54,78,83
Sirhywi, parc gwledig 24,25
Sirhywi, pentref 15,42,54,87,89
Sudbrook 13,72

Tafarnau Bach 47
Tal-y-waun 30
Tir-phil 18
Transh, Y 33,48,84
Trecelyn 24
Tredegar, parc 11,40,41
Tredegar, tref 11,16,22,42,50,53-55,78, 80,82,85,87,92
Tredegar, tŷ 40,41,78,85
Tredegar Newydd 18,82,92
Trefil 54,55
Trefynwy ...14,15,38,57,60,62-64,69,80,83, 85,91-94
Trelewis 19
Tretomos 22
Tryleg 13,15,69,70,80,91
Twll y Dwrgi 13
Twmbarlwm 24,26
Twyn Carno 18
Twyn-y-Gaer 13,61
Tyleri, dyffryn 47,48
Tyndyrn 15,38,70,75-77,80,90

Whitson 42,58
Winchestown 49
Wintours Leap 77,80
Wolvesnewton 69
Wyndcliff 77
Wysg, afon 9,13,14,27,37,39,40,43,58, 59,68,78,89,90,93
Wysg, dyffryn 30,58,61,68,78,79,88

Ynys-ddu 86
Ynysgynwraidd 64,66,79
Ysgyryd Fach 61
Ysgyryd Fawr 59,61,64
Ystrad Mynach 22,93,94

Mynnwch y gyfres i gyd:

Llyfrau crwydro/cerdded eraill o Wasg Carreg Gwalch: